Jakob Mohn

Erklärvideos in der Klasse drehen: Geschichte 5/6

Vorzeit und Antike

Der Autor

Jakob Mohn ist stellvertretender Schulleiter an einer Haupt- und Realschule in Hessen. Er unterrichtet die Fächer Geschichte, evangelische Religion und EDV.

1. Auflage 2022
© 2022 PERSEN Verlag, Hamburg

AAP Lehrerwelt GmbH
Veritaskai 3
21079 Hamburg
Telefon: +49 (0) 40325083-040
E-Mail: info@lehrerwelt.de
Geschäftsführung: Christian Glaser
USt-ID: DE 173 77 61 42
Register: AG Hamburg HRB/126335
Alle Rechte vorbehalten.

AutorIn:	Jakob Mohn
Illustrationen:	Oliver Wetterauer, außerdem: Mele Brink, Fides Friedeberg, Marion El-Khalafawi, Nataly Meenen, Ute Ohlms, Katharina Reichert-Scarborough
Satz:	Typographie & Computer, Krefeld
Druck und Bindung:	Zimmermann Druck + Verlag GmbH, Balve

ISBN: 978-3-403-20671-2
www.persen.de

Inhaltsverzeichnis

Inhaltsverzeichnis

 **Digitales Zusatzmaterial:**
Beispielerklärvideos
Bildvorlagen
Einverständniserklärung für Eltern

Bereits in den Bildungsstandards für nahezu alle Fächer der Sekundarstufe I wird das Kommunizieren und Argumentieren als wichtige Kompetenz aufgeführt. Dabei wird unter anderem gefordert, dass die Lernenden fachliche Begriffe und Zeichen beim Beschreiben von Denkprozessen und Vorgehensweisen sachgerecht verwenden.

Weiterhin ist Sprache zugleich auch Mittel der Verständigung. Der Austausch ist notwendiges Grundelement einer lebendigen Lernkultur im Unterricht. Nur durch den Austausch über Inhalte können die eigenen Möglichkeiten an Strategien und Verstehensprozessen vergrößert werden.

Genau an dieser Stelle setzt der vorliegende Band an. Den Lernenden soll ein echter Sprachanlass zum Austausch über fachliche Inhalte angeboten werden. Dies wird durch die Anleitung bzw. Erstellung von Erklärfilmen zu bestimmten Themen der Sekundarstufe I ermöglicht. Es werden Drehbücher zur Verfügung gestellt, in denen die Lernenden ihre späteren Aufnahmen vorbereiten. Die Drehbücher sollen die Lernenden dazu anregen, im Rahmen ihrer individuellen Möglichkeiten ihre Vorgehensweise zu planen, zu strukturieren und zu dokumentieren.

Die Lernenden erhalten zum Erstellen der Filme bzw. der Drehbücher jeweils konkrete, dreifach differenzierte Aufgabenkarten. Gleichzeitig werden passende Vorlagen angeboten, die die Lernenden im Video verwenden können.

Das Lernarrangement soll nicht nur den Aufbau bzw. die Anwendung von Fachsprache ermöglichen bzw. verbessern, sondern auch das Verstehen von Lernprozessen weiter vertiefen. Dies wird dadurch unterstützt, dass sich die Lernenden Gedanken darüber machen müssen, wie sie den Lernstoff gut erklären können. Erklären heißt in diesem Zusammenhang aus didaktischer Sicht auch vertieftes Verstehen und zwar sowohl für den Betrachter des Filmes als auch im besonderen Maße für den Erklärenden.

Als Vorbereitung für die spätere Konzeption der Drehbücher bzw. der Erstellung der Filme wird das wesentliche Wissen zu der entsprechenden Thematik dargestellt (Arbeitsblatt). Auf demselben Blatt werden noch einmal grundlegende Übungen angeboten, sodass sichergestellt ist, dass die Lernenden im wesentlichen Schritt den Sachverhalt auch erklären können.

Vorab erhalten Sie auf einer Informationsseite zu jedem Unterthema die intendierten Ziele, Hinweise zur Durchführung und dazu, welche Materialien für die spätere Aufnahme zur Verfügung gestellt werden können (z. B. Lineal, bunte Stifte …).

Zu jedem Unterthema wird ein dreifach differenzierter Arbeitsauftrag für die Filmaufnahme zur Verfügung gestellt. Weiterhin werden Bildvorlagen zu jeder Unterthematik angeboten, welche von den Lernenden verwendet werden können.

Beispielerklärvideos finden Sie im digitalen Zusatzmaterial. Dort finden Sie ebenfalls einen Vordruck für die Eltern der Lernenden (Einverständniserklärung zu den Videoaufnahmen).

Die Erstellung eines Erklärvideos folgt im Unterricht folgender Systematik:

1. Vorbereitungsphase

Zur Vorbereitung erhalten die Lernenden ein Arbeitsblatt zur jeweiligen Thematik (hierzu werden auch Lösungen angeboten). Dieses beinhaltet Erklärungen sowie Aufgaben und stellt somit sicher, dass die Lernenden die Thematik, die sie im nachfolgenden Video erklären sollen, beherrschen.

2. Erstellung des Drehbuchs

Die Erstellung eines Drehbuchs ist von zentraler Bedeutung, damit die Lernenden nicht einfach drauflosarbeiten. Die Planung der Rollenverteilung ist daher zwingend im Vorfeld zu besprechen und zu dokumentieren. Hierzu werden eine Drehbuchvorlage und entsprechende Rollenkarten angeboten.

3. Filmproduktion

Die Filme bzw. Bildsequenzen werden aufgenommen. Hierzu werden den Lernenden verschiedene Abbildungen für jedes Unterthema angeboten, die sie nutzen können, aber nicht müssen. Die Vertonung kann parallel zur Aufnahme oder im Anschluss erfolgen.

4. Präsentation

Die Lernenden zeigen den Erklärfilm der Klasse.

5. Reflexion

Zum Abschluss wird das Video in der Klasse reflektiert, um Fragen zum Inhalt zu klären und Arbeitsweisen bei einem weiteren möglichen Erklärfilm zu optimieren. Als Handlungsleitfragen für ein mögliches Reflexionsgespräch ist ein entsprechendes Hinweisblatt vorhanden.

Technische Umsetzung des Erklärfilms

Zur Erstellung des Erklärfilms existieren verschiedene technische Varianten. Exemplarisch sollen im Folgenden zwei Möglichkeiten aufgeführt werden:

a) Einsatz von Stop-Motion-Apps bzw. Software

Hier gibt es einige kostenfreie Angebote sowohl für Android® als auch für iOS® sowie für den PC. Diese funktionieren auch offline, es muss also kein Internetzugang vorhanden sein. Gleichzeitig sind diese Apps sehr bedienerfreundlich und einfach zu handhaben.

Bei einem Stop-Motion-Film werden einzelne Bilder erstellt. Diese können nachher vertont und in der App bzw. in der Software zu einem Film zusammengeschnitten werden. Die im Anschluss erfolgende Vertonung hat den Vorteil, dass sich die Lernenden zunächst auf das Bild und anschließend erst auf die verbale Erklärung konzentrieren können. Diese Vorgehensweise ist für Lernende zunächst einfacher in der Umsetzung.

Wie man mit einer Stop-Motion-App arbeiten kann, zeigen zwei beispielhafte Erklärvideos, die Sie im digitalen Zusatzmaterial finden. Diese Erklärvideos wurden mit der App „Stop Motion®" erstellt, die man sowohl im App-Store von Google® als auch von Apple® in der Standardversion kostenfrei herunterladen kann. Die Standardversion ist völlig ausreichend für die Erstellung entsprechender Erklärfilme.

Als alternative Apps bzw. Software sind folgende empfehlenswert:
- „Stop-Motion Movie Creator®", kostenfrei, nur für Android®
- „Lego Movie App®", kostenfrei, für Android® und für iOS®
- Windows Movie Maker®

b) Videoaufnahmen mittels Handy, Tablet oder Digitalkamera

Diese Methode lässt sich sehr schnell umsetzen. Sie setzt aber voraus, dass das ganze Erklär-video an einem Stück gedreht werden muss und nicht, wie bei Stop-Motion, in Etappen. Der Film kann parallel während der Aufnahme oder durch entsprechende kostenfreie Programme oder Apps im Nachhinein vertont werden. Dies gilt auch für Software und Apps, die den Film schnei-den können.

c) Allgemeine Hinweise

1. Die Verwendung eines Stativs (für Handy, Tablet oder Kamera) erhöht die Qualität der Video- oder Bildaufnahmen.
2. Auf eine Anleitung für konkrete Apps oder Software wurde bewusst verzichtet, da diese sich ständig weiterentwickeln und damit verändern.
3. Bevor die Lernenden das erste Mal einen Erklärfilm erstellen, sollten sie sich zunächst mit der Software bzw. mit diversen Apps vertraut machen und damit umgehen lernen.

Checkliste

Material für die Lehrkraft	Anzahl	✓
Lösungen	je nach Anzahl der Gruppen	
Bewertungsbogen	Klassensatz	
Beispielerklärvideo	1	
Filmaufträge als Folie / PowerPoint	1	
Material für die Lernenden		
Elternbrief	Klassensatz	
Arbeitsblatt	Klassensatz	
Drehbuchvorlage	Klassensatz	
Rollenkarten	Klassensatz	
Reflexionsbogen	Klassensatz	
Material für die Filme (Abbildungen, buntes Papier, farbige Unterlagen als Hintergrund, Wortkarten, Stifte, Formen, Sprechblase …)	Gruppensatz	

Drehbuchvorlage

Erstellt gemeinsam ein Drehbuch, bevor ihr euren Film aufnehmt.

Drehbuchseite: _____

Gruppenmitglieder: _____

Szene	Skizze	Handlung	gesprochener Text

Rollenkarten

Ordnet jedem in der Gruppe eine Rolle zu und tragt den Namen ein.

Kameramann/ Kamerafrau

_____

_____

_____

Deine Aufgabe ist es, das Erklärvideo mit dem iPad® oder dem Handy zu filmen.

Tipps:
- Halte die Kamera still, damit das Bild nicht verwackelt.
- Filme das ganze Bild, sodass man später alles sehen kann.
- Filme im Querformat.

Regisseur/ Regisseurin

_____

_____

_____

Deine Aufgabe ist es, während des Videos den Ablauf zu überwachen und dich um die Bildvorlagen zu kümmern.

Tipps:
- Achte darauf, dass das Drehbuch umgesetzt wird.
- Sortiere die Abbildungen vorher in der richtigen Reihenfolge.

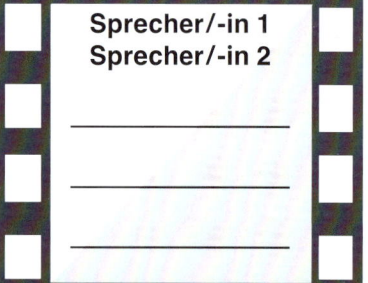

Sprecher/-in 1 Sprecher/-in 2

_____

_____

_____

Deine Aufgabe ist es, während des Videos den Text zu sprechen.

Tipps:
- Achte darauf, dass du deinen Text kennst.
- Verwende die passenden Fachbegriffe.
- Legt die Reihenfolge, wer was sagt, vorher genau fest.

Ablaufplan
1. Arbeitsblatt: Text lesen und Aufgaben lösen.
2. Aufgabe auswählen
3. Drehbuch verfassen
4. Rollen verteilen
5. Video drehen

Reflexionsbogen

Ich habe das Thema durch das Video besser verstanden:

1. Schätze für dich ein, wie gut die Arbeit in der Gruppe funktioniert hat.
2. Tausche dich anschließend mit deinen Gruppenmitgliedern aus.
3. Notiert, was ihr beim nächsten Erklärvideo verändern möchtet.

Jeder kannte seine Aufgabe und konnte aktiv mitarbeiten.

Wir konnten mithilfe der Bildbeispiele das Thema erklären.

Wir konnten das Video mithilfe der App aufnehmen und schneiden.

Das nehmen wir uns als Gruppe vor:

Was sind Quellen?

Ziele
Die Lernenden können
- den Begriff „Quellen" definieren.
- verschiedene Quellenarten benennen.
- verschiedene Quellen den Quellenarten zuordnen.
- Quellen in ihrer Umgebung identifizieren und untersuchen.
- in der Gruppe arbeiten, Rollen untereinander aufteilen und ihre Gruppenarbeit reflektieren.
- eine App zum Erstellen von Erklärfilmen bedienen.

Durchführung und Organisation
Diese Aufgabenstellung kann im Rahmen der Einführung in das Fach Geschichte, aber auch zur Wiederholung und Sicherung bearbeitet werden. Die Lernenden brauchen keinerlei Vorwissen zum Fach. Ein Vorwissen zum Thema „geschichtliche Quellen" ist zur Bearbeitung der Aufgaben ebenfalls nicht erforderlich, da alle nötigen Informationen und Fachbegriffe dem Grundlagentext entnommen werden können.

Sollten die Lernenden bereits wissen, wie ein Erklärfilm technisch erstellt wird, beträgt die Durchführungsdauer für die Vorbereitung, Durchführung, Präsentation und Evaluation je nach Leistungsstärke der Klasse ca. 2 bis 3 Schulstunden.

Für die Erstellung des Videos können den Lernenden folgende Materialien zur Verfügung gestellt werden:
- Arbeitsblatt „Was sind Quellen?", um sicherzustellen, dass die Lerngruppe die Thematik auch verstanden hat.
- Der Grundlagentext auf dem oben genannten Arbeitsblatt kann als Wortspeicher interpretiert werde. Diese Wörter können bei der Vertonung von den Lernenden verwendet werden.
- Arbeitsauftrag, dieser ist qualitativ dreifach differenziert.
- Bildvorlagen
- Drehbuchvorlage
- Rollenkarten
- ggf. Beispielerklärvideo (siehe Zusatzmaterial)
- leeres DIN-A4- bzw. DIN-A3-Blatt
- bunte Stifte, Schere, Kleber

Zusätzlich können den Lernenden ergänzende Informationsquellen, z. B. Schulbuchtexte, Internetseiten, Bilder oder Videos, zur Umsetzung der Erklärfilme zur Verfügung gestellt werden.

Arbeitsblatt: Was sind Quellen?

Quellen sind ein wichtiges Hilfsmittel, um etwas über die Vergangenheit zu erfahren. Viele Dinge um uns herum können dazu dienen, das Leben der Menschen in einer früheren Zeit besser zu verstehen. So kann uns eine alte Fotografie etwas über vergangene Kleidungsstile und Frisuren verraten. Ein Gebäude zeigt uns, wie die Menschen früher lebten. In einer alten Zeitung finden wir Berichte, Werbeanzeigen oder den Wetterbericht vergangener Jahre.

Fast alles kann so mit der Zeit zu einer geschichtlichen Quelle werden. Dabei unterscheidet man bei der Suche vor allem drei unterschiedliche Quellenarten: Textquellen, Bild- und Tonquellen und Sachquellen. In **Textquellen**, wie Zeitungsartikeln, Inschriften auf Gebäuden, alten Briefen oder Urkunden, können wir direkt lesen, was für die Menschen früher wichtig war. Höhlenmalereien, Fotos und Gemälde gehören zu den Bildquellen. Tonaufnahmen, Schallplatten oder andere Tonträger nennt man Tonquellen. Kombiniert man beides, wie beispielsweise in der Videoaufnahme einer alten Fernsehsendung oder auch einer alten privaten Filmaufnahme, ist dies eine **Bild- und Tonquelle**. Alle übrigen Gegenstände, wie alte Möbel, Vasen, Waffen und Werkzeuge, aber auch Gebäude und Denkmäler, gehören zu den **Sachquellen**.

Untersucht man eine Quelle, verrät sie uns etwas über die Zeit, aus der sie stammt und über die Menschen, die sie verwendet, geschrieben oder hergestellt haben.

1) Ordne die Begriffe den drei Quellenarten zu.

2) Ergänze die Tabelle um weitere Beispiele für Quellen.

Textquellen	Bild- und Tonquellen	Sachquellen

Denkmäler / Statuen

Videoaufnahmen

Briefe

Gebäude

Zeitungsartikel

Kleidung

Münzen

Werkzeug

Tagebücher

Tonaufnahmen

Möbel

Höhlenmalerei

Schallplatten

Inschriften

Gemälde

Urkunden

Gesetze

Fotografien

Dreifach differenzierte Aufgabenkarten

 Erstellt in der Gruppe einen Erklärfilm über die verschiedenen Quellenarten.

Benennt die verschiedenen Quellenarten.

Zeigt zu jeder Quellenart ein Beispiel.

 Erstellt in der Gruppe einen Erklärfilm über Quellen und die verschiedenen Arten geschichtlicher Quellen.

Erklärt zunächst allgemein was Quellen sind.

Nennt dann die verschiedenen Quellenarten und zeigt verschiedene Beispiele.

 Sucht euch eine Quelle aus und erstellt in der Gruppe einen Erklärfilm über diese Quelle.

Zeigt und beschreibt zunächst die von euch ausgesuchte Quelle und deren Geschichte.

Ordnet eure Quelle einer Quellenarten zu. Hier könnt ihr auch weitere Beispiele für diese Quellenart nennen und sie mit eurer Quelle vergleichen.

Bildvorlagen

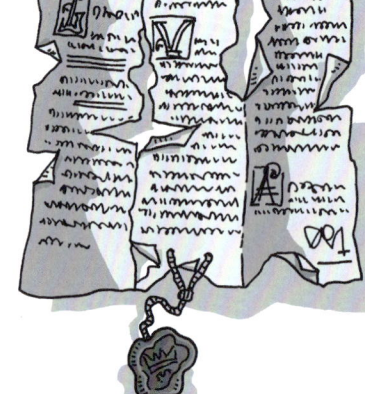

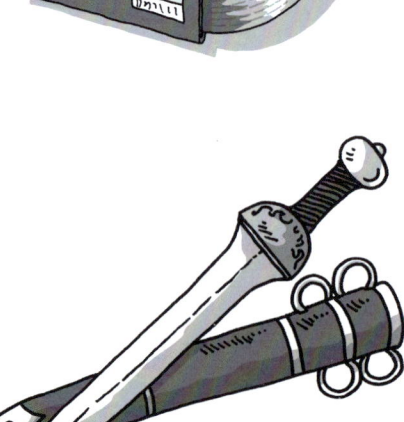

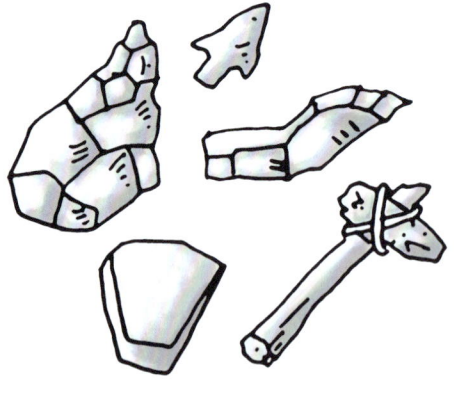

Lösungen

1)

Textquellen	Bild- und Tonquellen	Sachquellen
Briefe	Tonaufnahmen	Gebäude
Zeitungsartikel	Schallplatten	Denkmäler / Statuen
Tagebücher	Fotografien	Werkzeug
Inschriften	Gemälde	Möbel
Urkunden	Höhlenmalerei	Münzen
Gesetze	Videoaufnahmen	Kleidung
...	...	...

Wie arbeiten Archäologinnen und Archäologen?

Ziele

Die Lernenden können

- den Beruf des Archäologen bzw. der Archäologin beschreiben.
- die Aufgaben von Archäologinnen und Archäologen erklären.
- die verschiedenen Werkzeuge und Hilfsmittel beschreiben.
- den Ablauf einer archäologischen Ausgrabung und Dokumentation darstellen.
- in der Gruppe arbeiten, Rollen untereinander aufteilen und ihre Gruppenarbeit reflektieren.
- eine App zum Erstellen von Erklärfilmen bedienen.

Durchführung und Organisation

Diese Aufgabenstellung kann im Rahmen der Einführung in das Fach Geschichte, aber auch zur Wiederholung und Sicherung bearbeitet werden. Die Lernenden brauchen keinerlei Vorwissen zum Fach. Ein Vorwissen zum Thema „Wie arbeiten Archäologinnen und Archäologen" ist zur Bearbeitung der Aufgaben ebenfalls nicht erforderlich, da alle nötigen Informationen und Fachbegriffe dem Grundlagentext entnommen werden können. Sollten die Lernenden bereits wissen, wie ein Erklärfilm technisch erstellt wird, beträgt die Durchführungsdauer für die Vorbereitung, Durchführung, Präsentation und Evaluation je nach Leistungsstärke der Klasse ca. 2 bis 3 Schulstunden.

Für die Erstellung des Videos können den Lernenden folgende Materialien zur Verfügung gestellt werden:

- Arbeitsblatt „Wie arbeiten Archäologinnen und Archäologen", um sicherzustellen, dass die Lerngruppe die Thematik auch verstanden hat.
- Der Grundlagentext auf dem oben genannten Arbeitsblatt kann als Wortspeicher interpretiert werde. Diese Wörter können bei der Vertonung von den Lernenden verwendet werden.
- Arbeitsauftrag, dieser ist qualitativ dreifach differenziert.
- Bildvorlagen
- Drehbuchvorlage
- Rollenkarten
- ggf. Beispielerklärvideo (siehe Zusatzmaterial)
- leeres DIN-A4- bzw. DIN-A3-Blatt
- bunte Stifte, Schere, Kleber

Zusätzlich können den Lernenden ergänzende Informationsquellen, z. B. Schulbuchtexte, Internetseiten, Bilder oder Videos, zur Umsetzung der Erklärfilme zur Verfügung gestellt werden.

Arbeitsblatt: Wie arbeiten Archäologinnen und Archäologen?

Um etwas über die Vergangenheit zu erfahren, benötigen wir geschichtliche Quellen. Doch diese sind nicht immer einfach zu finden. Vor allem Überreste früherer Völker und Kulturen sind oftmals tief im Boden verborgen, in Höhlen oder Gräbern versteckt oder im Eis eingeschlossen.

Archäologinnen und Archäologen arbeiten daran, diese verborgenen Gegenstände wieder ans Tageslicht zu bringen, zu untersuchen und zu dokumentieren. Sie suchen dabei systematisch bestimmte Gebiete ab, an denen sie Funde wie alte Gebäudereste, Werkzeuge, Waffen oder Knochen vermuten. Hierbei kommt auch immer wieder modernste Technik zum Einsatz. Mithilfe von **Luft-** oder **Satellitenaufnahmen** können Unregelmäßigkeiten im Boden entdeckt werden. Diese können auf alte Grundmauern oder Grabhügel hinweisen. So finden Archäologinnen und Archäologen heraus, wo sich eine genauere Suche lohnt. Anschließend wird damit begonnen, die Erdschichten Stück für Stück abzutragen. Um mögliche Funde nicht zu beschädigen, werden neben **Baggern** vor allem kleinere Werkzeuge wie **Schippen**, **Spitzkellen** oder sogar **Pinsel** eingesetzt. Ist ein Gegenstand freigelegt, wird er zuerst mithilfe eines **Maßbandes** oder eines **Lasers** vermessen und dann mit einer **Kamera** fotografiert. Erst dann kann er geborgen und vorsichtig verpackt werden.

Im Labor wird jeder Fund dann weiter vorsichtig von Dreck und anderen Ablagerungen gesäubert und weiter untersucht. Mit einem **Mikroskop** oder einer **Lupe** können Details sichtbar gemacht werden, die mit bloßem Auge nicht zu erkennen sind. Mithilfe der **C14-Methode** kann das Alter von Knochen und anderen Materialien bestimmt werden. Ist ein Fund beschädigt, zum Beispiel eine zerbrochene Vase, wird vorsichtig versucht, ihn wieder zusammenzusetzen oder die beschädigten Teile zu ersetzen.

Haben Archäologinnen und Archäologen alle Informationen gesammelt, wird der gefundene Gegenstand archiviert oder in einem **Museum** ausgestellt, wo wir ihn dann bewundern können.

Ohne die präzise Arbeit von Archäologinnen und Archäologen blieben uns so manche Funde verborgen. Wir wüssten dann nicht, wie die Menschen früher gelebt haben, wie sie aussahen oder was sie für Werkzeuge verwendeten.

Teste dich!

1) Nummeriere die Arbeitsschritte einer archäologischen Ausgrabung in der richtigen Reihenfolge (Schritte 1–6).

◯ Fundstück vermessen und fotografieren

◯ Luft- und Satellitenaufnahmen untersuchen

◯ Fundstück archivieren oder im Museum ausstellen

◯ Fundstück bergen und verpacken

◯ Fundstück säubern und genauer untersuchen

◯ Erdschichten Stück für Stück abtragen

2) Erkläre, warum die Arbeit von Archäologinnen und Archäologen so wichtig ist.

Dreifach differenzierte Aufgabenkarten

 Erstellt in der Gruppe einen Erklärfilm über die Werkzeuge und Hilfsmittel, die Archäologinnen und Archäologen bei ihrer Arbeit nutzen.

 Zeigt die verschiedenen Werkzeuge.

Erklärt kurz die Aufgabe und Funktion jedes Werkzeugs.

 Erstellt in der Gruppe einen Erklärfilm über den Beruf des Archäologen.

 Beschreibt zunächst die Aufgaben von Archäologinnen und Archäologen.

Stellt wichtige Werkzeuge vor, die Archäologinnen und Archäologen bei ihrer Arbeit verwenden.

   Erstellt in der Gruppe einen Erklärfilm über eine archäologische Ausgrabung und Dokumentation.

 Stellt nach und nach die Schritte einer archäologischen Ausgrabung dar (1–6).

Geht bei den einzelnen Schritten auch auf die verwendeten Werkzeuge und Techniken ein und erklärt diese kurz.

Bildvorlagen

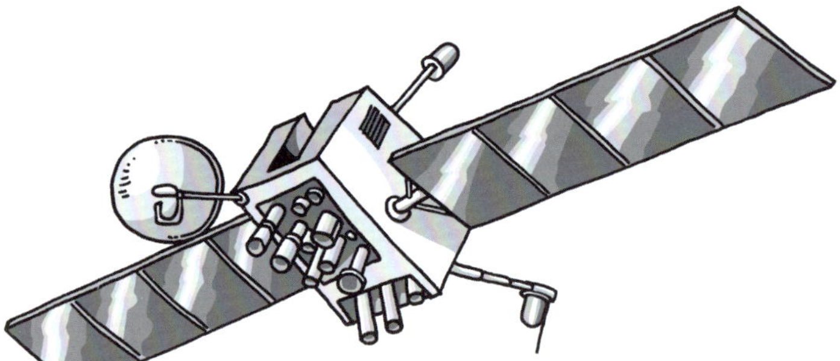

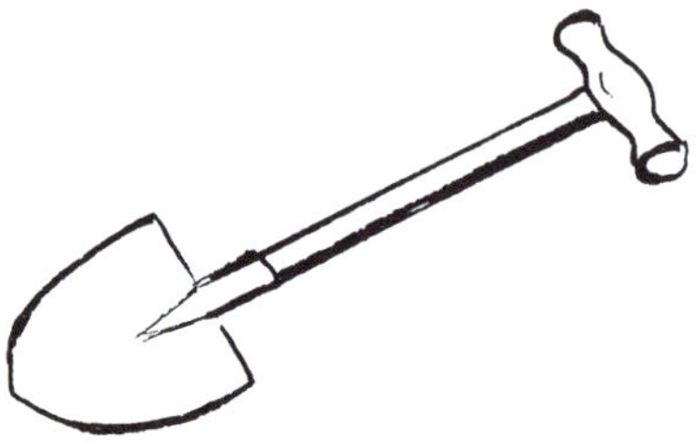

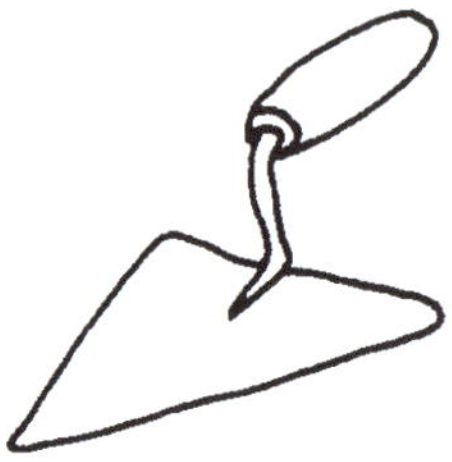

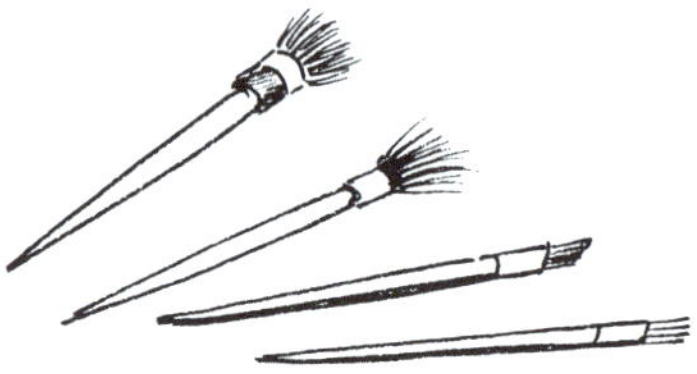

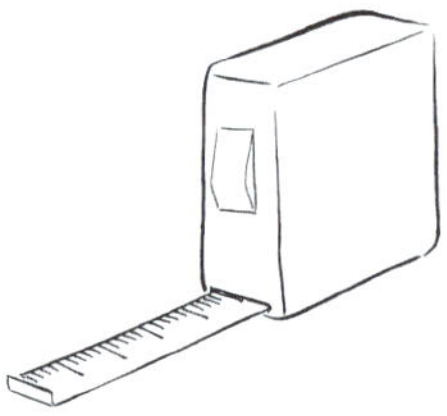

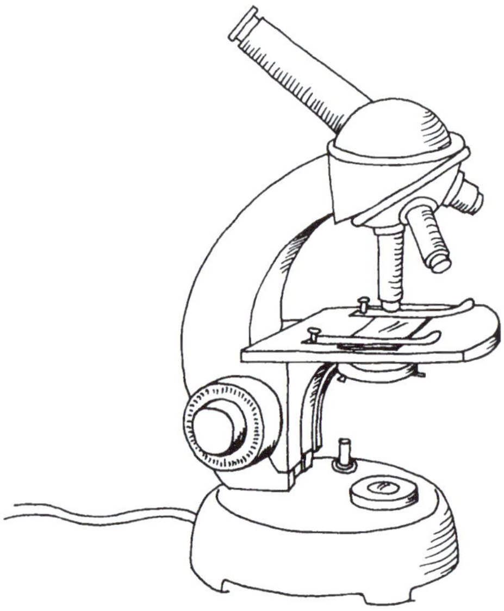

Lösungen

1)

(1) Luft- und Satellitenaufnahmen untersuchen

(2) Erdschichten Stück für Stück abtragen

(3) Fundstück vermessen und fotografieren

(4) Fundstück bergen und verpacken

(5) Fundstück säubern und genauer untersuchen

(6) Fundstück archivieren oder im Museum ausstellen

2) Um etwas über die Vergangenheit zu erfahren, benötigen wir geschichtliche Quellen. Gerade Überreste früherer Völker und Kulturen sind jedoch oft tief im Boden, in Höhlen, Gräben oder im Eis versteckt. Archäologinnen und Archäologen suchen danach. Ohne ihre Arbeit blieben viele Quellen unentdeckt und wir wüssten viel weniger über die Vergangenheit.

Jäger und Sammler

Ziele
Die Lernenden können
- beschreiben, wie die Menschen in der Altsteinzeit als Jäger und Sammler lebten.
- beschreiben, wovon sich die Menschen der Altsteinzeit ernährten.
- erklären, warum sich die Menschen von Jägern und Sammlern zu Ackerbauern und Viehzüchtern entwickelten und welche Vorteile diese Entwicklung hatte.
- in der Gruppe arbeiten, Rollen untereinander aufteilen und ihre Gruppenarbeit reflektieren.
- eine App zum Erstellen von Erklärfilmen bedienen.

Durchführung und Organisation
Diese Aufgabenstellung kann zur Einführung in das Thema „Die frühen Menschen", aber auch zur Wiederholung und Sicherung bearbeitet werden. Die Lernenden brauchen keinerlei Vorwissen zum Thema, da sie alle nötigen Informationen und Fachbegriffe dem Grundlagentext entnehmen können.

Sollten die Lernenden bereits wissen, wie ein Erklärfilm technisch erstellt wird, beträgt die Durchführungsdauer für die Vorbereitung, Durchführung, Präsentation und Evaluation je nach Leistungsstärke der Klasse ca. 2 bis 3 Schulstunden.

Für die Erstellung des Videos können den Lernenden folgende Materialien zur Verfügung gestellt werden:
- Arbeitsblatt „Jäger und Sammler", um sicherzustellen, dass die Lerngruppe die Thematik auch verstanden hat.
- Der Grundlagentext auf dem oben genannten Arbeitsblatt kann als Wortspeicher interpretiert werde. Diese Wörter können bei der Vertonung von den Lernenden verwendet werden.
- Arbeitsauftrag, dieser ist qualitativ dreifach differenziert.
- Bildvorlagen
- Drehbuchvorlage
- Rollenkarten
- ggf. Beispielerklärvideo (siehe Zusatzmaterial)
- leeres DIN-A4- bzw. DIN-A3-Blatt
- bunte Stifte, Schere, Kleber

Zusätzlich können den Lernenden ergänzende Informationsquellen, z. B. Schulbuchtexte, Internetseiten, Bilder oder Videos, zur Umsetzung der Erklärfilme zur Verfügung gestellt werden.

Arbeitsblatt: Jäger und Sammler

Vor etwa 800.000 Jahren begannt die Epoche der **Altsteinzeit** in Europa. Mit einer Dauer bis ins Jahr 9.000 v. Chr. ist sie die längste Epoche der Menschheitsgeschichte. Das Leben der frühen Menschen in dieser Zeit war immer wieder von starken Klimaveränderungen geprägt. Während langer und kalter Eiszeiten bedeckten Gletscher und dicke Schichten aus Schnee und Eis immer wieder große Teile der Erde.

Um ausreichend Nahrung zu finden, waren die Menschen gezwungen, als Nomaden ohne festen Wohnsitz zu leben. Dabei folgten sie vor allem den umherziehenden Tierherde. Als Jäger und Sammler lebten sie hauptsächlich von dem, was sie in der Natur fanden. **Beeren**, **Früchte**, **Pilze**, **Wurzeln** und **Kleintiere** wie Insekten bildeten eine wichtige Nahrungsquelle. Gejagt wurde meist in größeren Gruppen. Die Jagd war langwierig und gefährlich. Um Tiere wie **Mammuts**, **Hirsche**, **Wildpferde**, **Schneehasen**, aber auch **Bären** und **Wollnashörner** zu erlegen, entwickelten die Menschen immer ausgefeilter Waffen und Jagdtechniken. Wurde ein Tier erlegt, musste es schnell verwertet werden. Aus den Knochen entstanden Waffen und Werkzeuge. Das Fell diente der Herstellung von Kleidung und Zelten. Das Fleisch wurde durch Trocknen oder Einlegen in Salz haltbar gemacht und gegessen.

In der **Jungsteinzeit** ab etwa 5.500 v. Chr. entdeckten die Menschen, dass sie gesammelte Körner und Pflanzen nicht nur essen, sondern auch aussähen und so immer wieder ernten konnten. Auch Tiere wurden nicht mehr nur gejagt, sondern in abgezäunten Gehegen gehalten und gezüchtet. Man war nicht mehr darauf angewiesen umherzuziehen, sondern konnte sich an einem bestimmten Ort niederlassen, Häuser und Felder errichten und dauerhaft sesshaft werden. Aus Jägern und Sammlern entwickelten sich so Ackerbauern und Viehzüchter.

Teste dich!

1) Zähle auf, wovon sich die Menschen in der Altsteinzeit ernährten.

2) Überlege, warum die Jagd in der Steinzeit so gefährlich war.

3) Beschreibe, was aus den gejagten Tieren alles hergestellt wurde.

Dreifach differenzierte Aufgabenkarten

 Erstellt in der Gruppe einen Erkläfilm über Nahrung in der Altsteinzeit.

 Zeigt Beispiele, was die Menschen in der Altsteinzeit gegessen haben.

Ordnet die Beispiele nach „Gejagtes" und „Gesammeltes".

 Erstellt in der Gruppe einen Erklärfilm über das Leben der Menschen in der Altsteinzeit.

 Beschreibt, wie die frühen Menschen als Jäger und Sammler gelebt haben.

Zeigt Beispiel von Tieren, die gejagt, Dingen die gesammelt und Gegenständen, die hergestellt wurden.

   Erstellt in der Gruppe einen Erklärfilm über die Entwicklung der frühen Menschen von Jägern und Sammlern zu Ackerbauern und Viehzüchtern.

 Beschreibt zunächst, wie die frühen Menschen als Jäger und Sammler gelebt haben. Zeigt Beispiele von Tieren, die gejagt und Dingen, die gesammelt wurden.

Erklärt dann, warum die Menschen nach und nach sesshaft wurden und nicht mehr umherzogen und welche Vorteile dies hatte.

Bildvorlagen

Lösungen

1) Gesammelte Beeren und Früchte, Pilze, Wurzeln, Insekten

Fleisch von gejagten Tieren, z. B. Mammut, Wollnashorn, Hirsch, Hase

2) Die Jagd in der Steinzeit war gefährlich, weil die Menschen nur einfache Waffen besaßen, die nicht immer gleich zum Tod des gejagten Tieres führten. Außerdem waren die gejagten Tiere oft groß und stark, aber auch schnell.

3) Knochen: Waffen und Werkzeug

Fell: Kleidung und Zelte

Fleisch: Essen

Die Mammutjagd

Ziele

Die Lernenden können

- die Größe und das Aussehen eines Mammuts beschreiben.
- das Mammut mit seinem heutigen Nachfahren, dem Elefanten, vergleichen.
- beschreiben, zu was ein erlegtes Mammut verarbeitet wurde.
- Jagdszenen im Stil einer Höhlenmalerei darstellen und Jagdtechniken erläutern.
- in der Gruppe arbeiten, Rollen untereinander aufteilen und ihre Gruppenarbeit reflektieren.
- eine App zum Erstellen von Erklärfilmen bedienen.

Durchführung und Organisation

Diese Aufgabenstellung kann zur Vertiefung des Themas „Die frühen Menschen" bzw. „Jäger und Sammler", aber auch zur Wiederholung und Sicherung bearbeitet werden. Die Lernenden sollten bereits über ein grobes Vorwissen zum Leben der frühen Menschen während der Altsteinzeit haben. Alle weiteren Informationen und Fachbegriffe können dem Grundlagentext entnommen werden.

Sollten die Lernenden bereits wissen, wie ein Erklärfilm technisch erstellt wird, beträgt die Durchführungsdauer für die Vorbereitung, Durchführung, Präsentation und Evaluation je nach Leistungsstärke der Klasse ca. 2 bis 3 Schulstunden.

Für die Erstellung des Videos können den Lernende folgende Materialien zur Verfügung gestellt werden:

- Arbeitsblatt „Die Mammutjagd", um sicherzustellen, dass die Lerngruppe die Thematik auch verstanden hat.
- Der Grundlagentext auf dem oben genannten Arbeitsblatt kann als Wortspeicher interpretiert werde. Diese Wörter können bei der Vertonung von den Lernenden verwendet werden.
- Arbeitsauftrag, dieser ist qualitativ dreifach differenziert.
- Bildvorlagen
- Drehbuchvorlage
- Rollenkarten
- ggf. Beispielerklärvideo (siehe Zusatzmaterial)
- leeres DIN-A4- bzw. DIN-A3-Blatt
- bunte Stifte, Schere, Kleber

Zusätzlich können den Lernenden ergänzende Informationsquellen, z. B. Schulbuchtexte, Internetseiten oder Bilder, zur Umsetzung der Erklärfilme zur Verfügung gestellt werden.

Arbeitsblatt: Die Mammutjagd

Das Mammut war das größte auf dem Land lebende Tier der Altsteinzeit. Mit einer Größe von bis zu **vier Metern** und einem Gewicht von bis zu **acht Tonnen** war es deutlich größer als seine heutigen Nachfahren, die Elefanten. Ein weiteres Merkmal waren die bis zu zwei Meter langen **Stoßzähne**, mit denen es sich gegen Feinde verteidigen konnte. Durch sein **langes Fell** war es optimal gegen die niedrigen Temperaturen der Eiszeit geschützt.

Trotz oder gerade wegen seiner Größe war das Mammut für die frühen Menschen besonders wichtig. Das dichte Fell und die Haut konnten zu **Kleidung**, **Decken** und **Zelten** verarbeitet werden. Aus den Knochen wurden **Waffen** und **Werkzeuge** hergestellt. Das Fleisch war **Nahrung** und konnte durch trocknen oder einlegen in Salz auch ohne modernen Kühlschrank haltbar gemacht werden.

Die Jagd auf die großen Tiere war sehr gefährlich und oft lebensbedrohlich. **Höhlenmalereien** zeigen, dass daran immer mehrere Jäger beteiligt waren. In großen Gruppen verfolgten die Jäger ein Mammut und versuchten, es mit Speeren und Pfeilen zu erlegen. Forscher vermuten, dass sie dabei eine ganz bestimmte Technik anwendeten. Die Menschen trieben ein Mammut vor sich her und versuchten, es in eine eigens dafür ausgehobene **Fallgrube** oder eine **Sackgasse** aus Felsen zu lenken. Hierin gefangen, konnte es mit Pfeilen, Speeren und Steinen erlegt werden.

Teste dich!

1) Zähle auf, wozu die Menschen ein erlegtes Mammut verarbeitet oder verwendet haben.

2) Beschreibe, wie in der Steinzeit vermutlich eine Mammutjagd ablief.

3) Versuche, eine Jagdszene im Stil einer Höhlenmalerei nachzuzeichnen.

Dreifach differenzierte Aufgabenkarten

 Erstellt in der Gruppe einen Erklärfilm über das Mammut.

 Beschreibt zunächst die verschiedenen optischen Merkmale von Mammuts.

Vergleicht dann, wie sich Mammuts von ihren heutigen Nachfahren, den Elefanten, unterscheiden.

 Erstellt in der Gruppe einen Erklärfilm darüber, wozu die Menschen in der Altsteinzeit die erlegten Mammuts verarbeiteten.

 Beschreibt zunächst die verschiedenen optischen Merkmale von Mammuts.

Erklärt anhand der genannten Merkmale, wozu die einzelnen Teile der erlegten Tiere verarbeitet oder verwendet wurden.

   Erstellt in der Gruppe einen Erklärfilm über die Mammutjagd und zeigt, wie die Menschen der Steinzeit ein Mammut gejagt haben. Stellt die Jagdszene als Comic im Stil einer Höhlenmalerei dar.

 Erarbeitet zunächst den vermutlichen Ablauf einer Mammutjagd in der Steinzeit.

Zeichnet die einzelnen Schritte als Comic im Stil einer Höhlenmalerei.

Beschreibt in eurem Erklärfilm die einzelnen Szenen des Comics und erläutert, welche Jagdtechniken die Steinzeitmenschen verwendeten.

Bildvorlagen

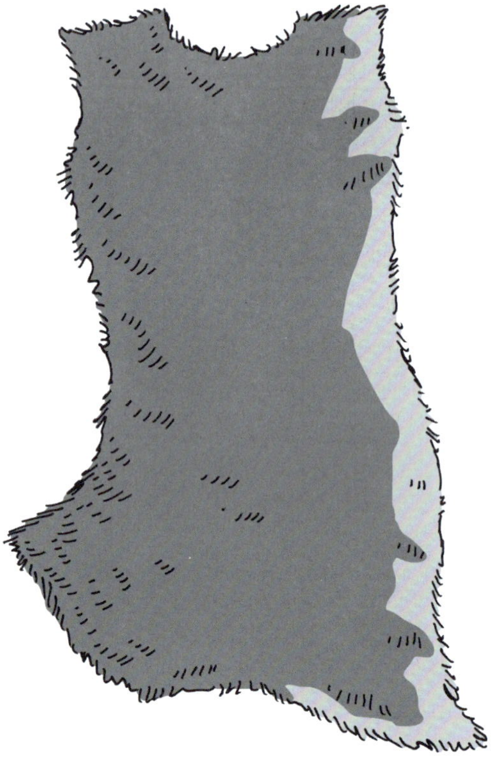

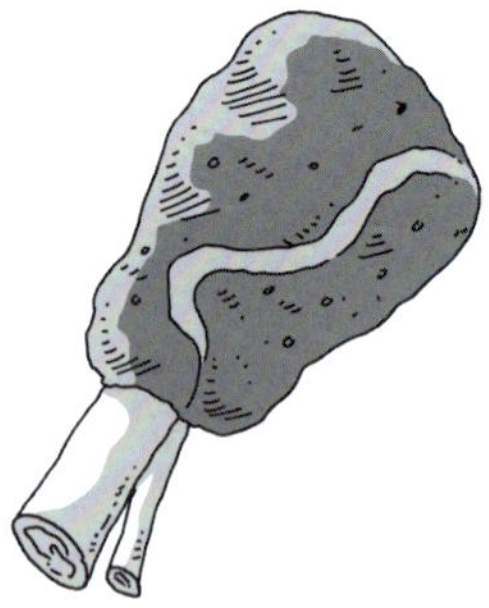

Lösungen

1) Fell und Haut: Kleidung, Decken, Zelte

Knochen: Waffen und Werkzeuge

Fleisch: Nahrung

2) In großen Gruppen verfolgten die Jäger ein Mammut. Vermutlich trieben die Menschen in der Steinzeit ein Mammut vor sich her und versuchten, es in eine eigens dafür ausgehobene Fallgrube oder eine Sackgasse aus Felsen zu lenken. Hierin gefangen konnte es mit Pfeilen, Speeren und Steinen erlegt werden.

3) individuell

Leben am Nil

Ziele
Die Lernenden können

- die Besonderheit des Nils beschreiben.
- aufzählen, wie die Ägypter den Nil für sich nutzbar machten.
- die ägyptischen Jahreszeiten und die dort zu erledigenden Aufgaben beschreiben.
- die hohe Bedeutung des Nils für die Ägypter erklären.
- in der Gruppe arbeiten, Rollen untereinander aufteilen und ihre Gruppenarbeit reflektieren.
- eine App zum Erstellen von Erklärfilmen bedienen.

Durchführung und Organisation

Diese Aufgabenstellung kann zum Einstieg, zur Vertiefung oder Wiederholung des Themas „Das alte Ägypten" bearbeitet werden. Ein Vorwissen zum Thema „Das alte Ägypten" oder „Leben am Nil" ist zur Bearbeitung der Aufgaben nicht zwingend erforderlich, da alle nötigen Informationen und Fachbegriffe dem Grundlagentext entnommen werden können.

Sollten die Lernenden bereits wissen, wie ein Erklärfilm technisch erstellt wird, beträgt die Durchführungsdauer für die Vorbereitung, Durchführung, Präsentation und Evaluation je nach Leistungsstärke der Klasse ca. 2 bis 3 Schulstunden.

Für die Erstellung des Videos können den Lernenden folgende Materialien zur Verfügung gestellt werden:

- Arbeitsblatt „Leben am Nil", um sicherzustellen, dass die Lerngruppe die Thematik auch verstanden hat.
- Der Grundlagentext auf dem oben genannten Arbeitsblatt kann als Wortspeicher interpretiert werde. Diese Wörter können bei der Vertonung von den Lernenden verwendet werden.
- Arbeitsauftrag, dieser ist qualitativ dreifach differenziert.
- Bildvorlagen
- Drehbuchvorlage
- Rollenkarten
- ggf. Beispielerklärvideo (siehe Zusatzmaterial)
- leeres DIN-A4- bzw. DIN-A3-Blatt
- bunte Stifte, Schere, Kleber

Zusätzlich können den Lernenden ergänzende Informationsquellen, wie z. B. Schulbuchtexte, Internetseiten, Bilder oder Videos, zur Umsetzung der Erklärfilme zur Verfügung gestellt werden.

Arbeitsblatt: Leben am Nil

Der Nil ist der längste Fluss der Erde. Er fließt von seinen Quellen in Ostafrika durch den großen Viktoriasee, Tansania, Uganda, den Südsudan, Sudan und Ägypten bis ins südliche Mittelmeer. Dabei legt er über 6.600 Kilometer durch den afrikanischen Kontinent zurück. An seiner breitesten Stelle misst der mächtige Strom fast drei Kilometer. Entlang seiner Ufer entstand ab dem Jahr 5.000 v. Chr. das Großreich der Ägypter mit seinen beindruckenden Pyramiden und mächtigen Pharaonen.

Für die alten Ägypter war der Nil **heilig**. Der Fluss hatte eine besondere Bedeutung. In einer Gegend, die ansonsten fast ausschließlich aus trockener Wüste besteht, war er sogar überlebenswichtig.

An seinen Ufern gab es mitten in der Wüste fruchtbares Ackerland. Mithilfe von künstlich angelegten Kanälen, Dämmen und einfachen Pumpen leiteten die Ägypter das Wasser direkt auf ihre Felder. Auf den Feldern konnten sie so Nahrungsmittel wie Getreide, Gemüse und Früchte anbauen. Einmal im Jahr, wenn im Quellgebiet des Nils Regenzeit war, führte der Nil Hochwasser und trat über die Ufer. Dabei lagerte sich schwarzer, fruchtbarer Nilschlamm auf den Feldern ab und diente als Dünger. Dieses **Hochwasser** war für die Ägypter von so großer Bedeutung, dass sie sogar ihren **Kalender** danach ausrichteten.

Der Kalender im alten Ägypten hatte wie unser heutiger Kalender bereits 365 Tage. Es gab jedoch nur drei Jahreszeiten, die sich nach dem Wasserstand des Nils und den zu erledigenden Aufgaben richteten. Die Zeit der Überschwemmung (**Achet**) dauerte etwa von Ende Juni bis Ende September. Darauf folgte die Zeit der Aussaat (**Peret**), wenn sich der Nil in sein normales Flussbett zurückgezogen hatte und auf den Feldern fruchtbarer Nilschlamm lag. Zur Trockenzeit folgte dann die Zeit der Ernte (**Schemu**). Diese begann ungefähr Ende Januar.

Der Nil diente den Ägyptern nicht nur als Wasserquelle und Düngerlieferant. Er versorgte die Menschen auch mit Fisch. Der Fischfang deckte einen großen Teil des Lebensmittelbedarfs ab. Außerdem konnten auf dem Fluss schnell weite Strecken zurückgelegt und mithilfe spezieller Schiffe schwere Lasten transportiert werden, zum Beispiel große Steine für den Bau der Pyramiden.

Der Verlauf des Nils mit wichtigen Städten des alten Ägyptens und den Pyramiden

Teste dich!

1) Vervollständige den ägyptischen Kalender.

Achet		
	Zeit der Aussaat	
		ab ungefähr Ende Januar

2) Erkläre, warum der Nil so eine große Bedeutung für die Menschen im alten Ägypten hatte.

Dreifach differenzierte Aufgabenkarten

Erstellt in der Gruppe einen Erklärfilm über den Nil.

Zeigt auf einer Karte den Verlauf des Nils.

Nennt wichtige Daten zur geografischen Lage, zum Verlauf, zur Länge und zu Besonderheiten des Nils.

Erstellt in der Gruppe einen Erklärfilm über die ägyptischen Jahreszeiten.

Benennt und beschreibt die ägyptischen Jahreszeiten.

Beschreibt, welche Arbeiten die Ägypter in welcher Jahreszeit verrichtet haben.

Erstellt in der Gruppe einen Erklärfilm über die Bedeutung und Funktion des Nils für die alten Ägypter.

Nennt zunächst wichtige Daten zur geografischen Lage, zum Verlauf, zur Länge und zu Besonderheiten des Nils

Erklärt anhand verschiedener Beispiele (z. B. der Jahreszeiten), wie und wofür die Ägypter den Nil nutzten und warum er sogar überlebenswichtig war.

Bildvorlagen

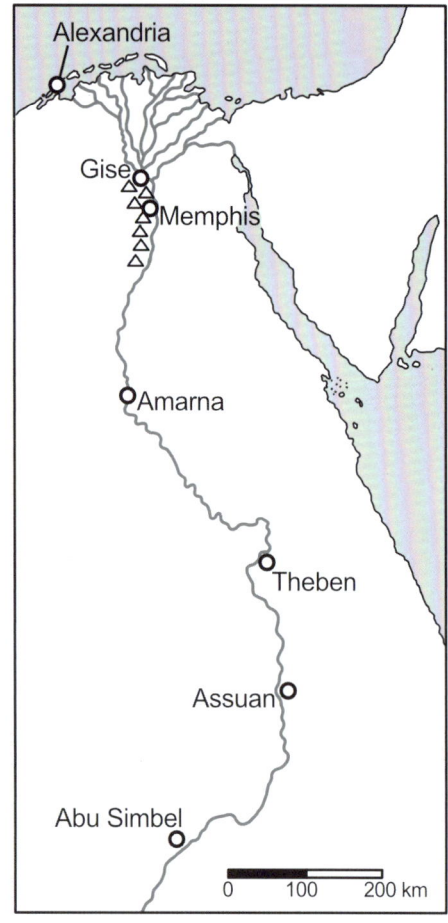

Lösungen

1)

Achet	Peret	Schemu
Zeit der Überschwemmung	Zeit der Aussaat	Zeit der Ernte
ab ungefähr Ende Juni	ab ungefähr Oktober	ab ungefähr Ende Januar

2) Das alte Ägypten bestand fast ausschließlich aus trockener, heißer Wüste. In dieser Umgebung war das Wasser des Nils überlebenswichtig. An den Ufern des Nils gab es fruchtbares Ackerland. Hier konnten die alten Ägypter Getreide, Gemüse und Früchte anbauen. Das Wasser des Nils diente zur Bewässerung der Felder und der fruchtbare Nilschlamm als Dünger. Außerdem konnten die Menschen das Wasser des Nil trinken und im Fluss Fische fangen und essen. Mithilfe von Schiffen konnte man auf dem Nil von einem Ort zum anderen reisen oder schwere Lasten transportieren.

Die Schrift der Ägypter

Ziele
Die Lernenden können

- den Begriff „Hieroglyphen" erklären.
- mithilfe einer Übersicht eigene Begriffe in Hieroglyphen darstellen.
- die Bedeutung der Schrift für das alte Ägypten erklären.
- den Beruf des Schreibers charakterisieren.
- in der Gruppe arbeiten, Rollen untereinander aufteilen und ihre Gruppenarbeit reflektieren.
- eine App zum Erstellen von Erklärfilmen bedienen.

Durchführung und Organisation

Diese Aufgabenstellung kann zur Wiederholung oder Vertiefung des Themas „Das alte Ägypten" bearbeitet werden. Die Lernenden sollten bereits über ein gewisses Vorwissen verfügen. Alle nötigen Informationen und Fachbegriffe zum Thema „Die Schrift der Ägypter" können sie dem Grundlagentext entnehmen.

Sollten die Lernenden bereits wissen, wie ein Erklärfilm technisch erstellt wird, beträgt die Durchführungsdauer für die Vorbereitung, Durchführung, Präsentation und Evaluation je nach Leistungsstärke der Klasse ca. 2 bis 3 Schulstunden.

Für die Erstellung des Videos können den Lernenden folgende Materialien zur Verfügung gestellt werden:

- Arbeitsblatt „Die Schrift der Ägypter", um sicherzustellen, dass die Lerngruppe die Thematik auch verstanden hat.
- Der Grundlagentext auf dem oben genannten Arbeitsblatt kann als Wortspeicher interpretiert werde. Diese Wörter können bei der Vertonung von den Lernenden verwendet werden.
- Arbeitsauftrag, dieser ist qualitativ dreifach differenziert.
- Bildvorlagen
- Drehbuchvorlage
- Rollenkarten
- ggf. Beispielerklärvideo (siehe Zusatzmaterial)
- leeres DIN-A4- bzw. DIN-A3-Blatt
- bunte Stifte, Schere, Kleber

Zusätzlich können den Lernenden ergänzende Informationsquellen, z. B. Schulbuchtexte, Internetseiten, Bilder oder Videos, zur Umsetzung der Erklärfilme zur Verfügung gestellt werden.

Arbeitsblatt: Die Schrift der Ägypter

Im alten Ägypten entwickelte sich eine der ältesten Schriften der Welt. Sie bestand nicht aus Buchstaben, sondern aus einzelnen **Bildzeichen** und wurde mehr gemalt als geschrieben. Diese Zeichen nennt man heute **Hieroglyphen**. Sie wurden meist in Wände oder auf Steintafeln gemeißelt oder in Holz geschnitzt. Erst später wurden Hieroglyphen auch auf **Papyrus** gezeichnet. Papyrus ist eine Art frühes Papier aus den gepressten Halmen des Papyrusschilfs.

Im Gegensatz zur heutigen westlichen Schrift wurde nicht nur von links nach rechts geschrieben, sondern auch von rechts nach links oder von oben nach unten. Dies machte es Forscherinnen und Forschern lange Zeit sehr schwer, die Bedeutung der Zeichen zu verstehen und die Texte zu übersetzen. Durch das Fehlen mancher Buchstaben wurde eine genaue Übersetzung zusätzlich erschwert. Manche Zeichen stehen außerdem für Buchstabenkombinationen oder einzelne Wörter.

Mithilfe der Schrift konnten die Ägypter Gesetzestexte, Vorratslisten, Aufträge, Befehle und andere Informationen schriftlich festhalten. Das war ein großer Vorteil gegenüber der rein mündlichen Weitergabe. Vor allem die Pharaonen nutzten die Dienste gut ausgebildeter Schreiber für ihre Herrschaft. Sogar ihre Paläste und Grabkammern ließen sie mit bunten Schriftzeichen schmücken. Der Beruf eines **Schreibers** war daher im alten Ägypten besonders hoch angesehen. Wer diesen erlernen wollte, musste eine besondere Schule besuchen. Die Ausbildung dauerte viele Jahre und war sehr streng. Die meisten Menschen im alten Ägypten konnten nur wenig oder gar nicht lesen und schreiben.

Wichtig für jeden Schreiber war sein Werkzeug. Dieses bestand neben Schreibgeräten aus Holz oder Pflanzenhalmen auch aus verschiedenen Farben. Die meisten Texte wurden in Schwarz geschrieben. Zur Korrektur oder Verzierung nutzten die Schreiber aber auch bunte Farben, deren Herstellung jedoch meist sehr teuer und aufwendig war.

Hatte man die Ausbildung zum Schreiber abgeschlossen, gehörte man zum wohlhabenden Teil der Bevölkerung und wohnte in einem großen Haus. Ein Schreiber im Dienst des Pharaos musste zudem keine Steuern zahlen und konnte ein Leben im Luxus führen.

Zeichen	Aus-sprache	Zeichen	Aus-sprache	Zeichen	Aus-sprache
	a		h		h
	b		l		i oder j
	ch		m		k
	d		n		s
	ch		o		sch
	e		p		t
	f		p (auch k)		w oder u
	g		r		

Übersicht über verschiedene Hieroglyphen: vereinfacht und an unser Alphabet angepasst

Teste dich!

1) Übersetze den folgenden Begriff:

2) Erkläre, warum die Entwicklung einer Schrift so große Bedeutung für die Ägypter hatte.

3) Erkläre, warum der Beruf des Schreibers im alten Ägypten hoch angesehen war.

Dreifach differenzierte Aufgabenkarten

 Erstellt in der Gruppe einen Erklärfilm über Hieroglyphen.

Erklärt, was Hieroglyphen sind, wie sie aussehen und was sie von unserer heutigen Schrift unterscheidet.

Zeigt einzelne Schriftzeichen und stellt ein Wort oder einen kurzen Satz in Hieroglyphen dar.

 Erstellt in der Gruppe einen Erklärfilm über Hieroglyphen.

Erklärt, was Hieroglyphen sind, wie sie aussehen und was sie von unserer heutigen Schrift unterscheidet.

Nennt Beispiele, wofür Hieroglyphen im alten Ägypten genutzt wurden.

Erklärt, warum die Entwicklung einer Schrift so wichtig für die Ägypter war.

   Erstellt in der Gruppe einen Erklärfilm über den Beruf des Schreibers im alten Ägypten.

Erklärt zunächst, was Hieroglyphen sind.

Stellt den Beruf des Schreibers im alten Ägypten vor (Ausbildung, Aufgaben, Werkzeug).

Erklärt, warum der Beruf des Schreibers so angesehen war.

Bildvorlagen

Zeichen	Aussprache	Zeichen	Aussprache	Zeichen	Aussprache
	a		h		h
	b		l		i oder j
	ch		m		k
	d		n		s
	ch		o		sch
	e		p		t
	f		p (auch k)		w oder u
	g		r		

Übersicht über verschiedene Hieroglyphen: vereinfacht und an unser Alphabet angepasst

Lösungen

1) Schreiber

2) Mithilfe der Schrift konnten die Ägypter Gesetzestexte, Vorratslisten, Aufträge, Befehle und andere Informationen schriftlich festhalten und weitergeben. Das war ein großer Vorteil gegenüber der rein mündlichen Weitergabe, bei der leicht Informationen verloren gehen konnten.

3) Nicht alle Menschen konnten im alten Ägypten schreiben. Für den Beruf des Schreibers musste man eine besondere Schule besuchen. Sogar der Pharao war auf einen Schreiber für seine Herrschaft angewiesen, zum Beispiel damit er für ihn Befehle und Gesetze aufschrieb. Die Pharaonen ließen sogar ihre Grabkammern und Paläste mit bunten Schriftzeichen schmücken.

Olympische Spiele der Antike

Ziele
Die Lernenden können

- Sportarten der Olympischen Spiele der Antike benennen.
- den Ablauf der Olympischen Spiele der Antike beschreiben.
- die Olympischen Spiele der Antike mit denen der Moderne vergleichen.
- in der Gruppe arbeiten, Rollen untereinander aufteilen und ihre Gruppenarbeit reflektieren.
- eine App zum Erstellen von Erklärfilmen bedienen.

Durchführung und Organisation

Diese Aufgabenstellung kann zur Wiederholung und Vertiefung des Themas „Das antike Griechenland" bearbeitet werden. Die Lernenden sollten zur Vertiefung bereits über ein gewisses Vorwissen verfügen. Alle nötigen Informationen und Fachbegriffe zum Thema „Olympische Spiele der Antike" können sie dem Grundlagentext entnehmen.

Sollten die Lernenden bereits wissen, wie ein Erklärfilm technisch erstellt wird, beträgt die Durchführungsdauer für die Vorbereitung, Durchführung, Präsentation und Evaluation je nach Leistungsstärke der Klasse ca. 2 bis 3 Schulstunden.

Für die Erstellung des Videos können den Lernenden folgende Materialien zur Verfügung gestellt werden:

- Arbeitsblatt „Olympische Spiele der Antike", um sicherzustellen, dass die Lerngruppe die Thematik auch verstanden hat.
- Der Grundlagentext auf dem oben genannten Arbeitsblatt kann als Wortspeicher interpretiert werde. Diese Wörter können bei der Vertonung von den Lernenden verwendet werden.
- Arbeitsauftrag, dieser ist qualitativ dreifach differenziert.
- Bildvorlagen
- Drehbuchvorlage
- Rollenkarten
- ggf. Beispielerklärvideo (siehe Zusatzmaterial)
- leeres DIN-A4- bzw. DIN-A3-Blatt
- bunte Stifte, Schere, Kleber

Zusätzlich können den Lernenden ergänzende Informationsquellen, z. B. Schulbuchtexte, Internetseiten, Bilder oder Videos, zur Umsetzung der Erklärfilme zur Verfügung gestellt werden.

Arbeitsblatt: Olympische Spiele der Antike

Bei den Olympischen Spielen treten heute alle vier Jahre die besten Sportlerinnen und Sportler der Welt in den unterschiedlichsten Sportarten gegeneinander an. Dieses Großereignis begeistert Millionen von Menschen auf der ganzen Welt. Für viele Sportlerinnen und Sportler ist es der größte Traum, einmal an den Olympischen Spielen teilzunehmen. Seit ungefähr 100 Jahren werden Olympische Spiele nicht nur im Sommer, sondern auch im Winter ausgetragen.

Seinen Ursprung hat der sportliche Wettbewerb in der **Antike** im griechischen Ort **Olympia**. Hier stand das **Heiligtum des Zeus**, des größten und mächtigsten aller griechischen Götter. Ihm zu Ehren fanden im Jahr **776 v. Chr.** die ersten uns bekannten Olympischen Spiele statt. Von da an reisten alle vier Jahre die besten, damals ausschließlich männlichen Kämpfer des Landes nach Olympia. Dort legten sie am ersten Tag der Spiele am Fuße der Statue des Zeus einen **Eid** ab. Die Spiele sollten fair ablaufen und während ihrer fünftägigen Dauer sollte Frieden im ganzen Land herrschen. Für die Spiele wurden in Olympia extra Wettkampfstätten errichtet.

Während Sportlerinnen und Sportler heute in über 40 Sportarten gegeneinander antreten, gab es in der Antike deutlich weniger Sportarten. Disziplinen wie **Wagenrennen**, **Speer- und Diskuswurf** sowie **Ring- und Faustkämpfe** standen im Mittelpunkt der Wettkämpfe. Auch ein **Wettlauf** in Kampfausrüstung war Teil des Programms. Am letzten Tag der Spiele wurden die Sieger aller Wettkämpfe im Tempel des Zeus geehrt. Als Zeichen ihres Sieges erhielten sie einen **Kranz** aus Zweigen des heiligen Olivenbaumes. Die Gewinner wurden als Helden gefeiert und im ganzen Land verehrt. Zweite oder dritte Plätze gab es nicht.

394 n. Chr. Verbot der damals auch über Griechenland herrschende römische Kaiser Theodosius die Spiele als unchristlichen Brauch. Erst im Jahr **1894**, nach über 1.500 Jahren, wurde die alte Tradition mit den ersten **Olympischen Spielen der Moderne** in Athen wieder zum Leben erweckt und bis heute auf der ganzen Welt fortgeführt.

1) Suche aus dem Buchstabenrätsel fünf Disziplinen der Olympischen Spiele der Antike heraus.

G	E	D	I	S	K	U	S	W	U	R	F	J	D
R	H	Ä	W	O	B	U	J	H	T	I	X	U	J
W	C	E	W	A	G	E	N	R	E	N	N	E	N
U	W	E	I	T	S	P	R	U	N	G	Ü	A	G
M	V	V	X	F	L	Ä	H	X	J	K	C	F	O
W	Ä	T	W	X	W	P	A	G	U	A	M	H	P
A	D	M	N	Ü	U	T	Ü	R	Z	M	N	E	Q
H	B	I	Ä	C	D	S	Ü	B	Ü	P	Ä	G	Q
S	T	A	D	I	O	N	L	A	U	F	J	N	R

2) Nummeriere den Ablauf der Olympischen Spiele der Antike in der richtigen Reigenfolge. Beschreibe die einzelnen Punkte kurz mit einem Satz.

◯ Eid ablegen _____

◯ Anreise _____

◯ Ehrung _____

◯ Wettkämpfe _____

3) a) Nenne zehn Sportarten, in denen Sportlerinnen und Sportler heute bei Olympischen Spielen antreten können.

   b) Überlege, warum manche Sportarten der Antike heute nicht mehr bei Olympischen Spielen dabei sind.

Dreifach differenzierte Aufgabenkarten

 Erstellt in der Gruppe einen Erklärfilm über die Sportarten der Olympischen Spiele der Antike.

 Zeigt und benennt verschiedene Sportarten.

  Erstellt in der Gruppe einen Erklärfilm über den Ablauf der Olympischen Spiele der Antike.

 Beschreibt den Ablauf der Spiele vom ersten bis zum letzten Tag.

Erklärt anschließend genauer, was an den einzelnen Tagen passierte. Zeigt dazu auch verschiedene Sportarten, in denen Wettkämpfe stattfanden.

   Erstellt in der Gruppe einen Erklärfilm über die Olympischen Spiele der Antike und der Moderne.

 Vergleicht den Ablauf der Olympischen Spiele der Antike und der Spiele der Moderne.

Zeigt und benennt verschiedene Sportarten der Antike. Erklärt anhand von Beispielen, in welchen Sportarten bis heute Wettkämpfe stattfinden, welche verschwunden und welche hinzugekommen sind.

Bildvorlagen

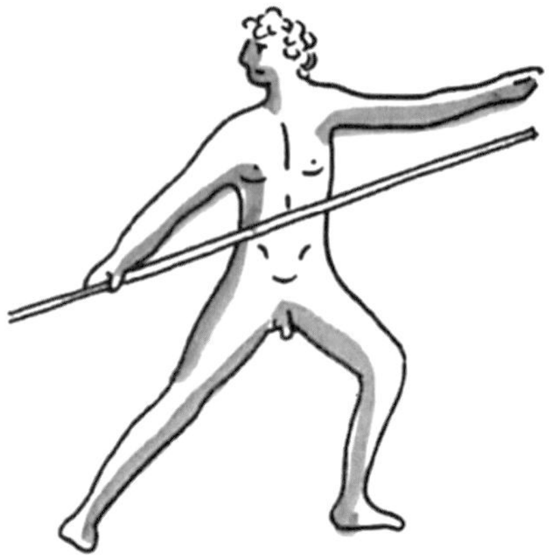

Lösungen

1)

G	E	D	I	S	K	U	S	W	U	R	F	J	D
R	H	Ä	W	O	B	U	J	H	T	I	X	U	J
W	C	E	W	A	G	E	N	R	E	N	N	E	N
U	W	E	I	T	S	P	R	U	N	G	Ü	A	G
M	V	V	X	F	L	Ä	H	X	J	K	C	F	O
W	Ä	T	W	X	W	P	A	G	U	A	M	H	P
A	D	M	N	Ü	U	T	Ü	R	Z	M	N	E	Q
H	B	I	Ä	C	D	S	Ü	B	Ü	P	Ä	G	Q
S	T	A	D	I	O	N	L	A	U	F	J	N	R

2)

(1) Anreise – Alle vier Jahre reisten die besten Kämpfer des Landes nach Olympia.

(2) Eid ablegen – Am Fuße der Statue des Zeus legten die Teilnehmer den Eid ab, dass die Spiele fair ablaufen sollten und dass während der Spiele Frieden im ganzen Land herrschen sollte.

(3) Wettkämpfe – Es fanden Wettkämpfe in verschiedenen Disziplinen statt, zum Beispiel Wagenrennen, Speerwurf, Ringkampf und Wettlauf.

(4) Ehrung – Am letzten Tag wurden die Sieger der Wettkämpfe im Tempel des Zeus mit einem Kranz aus Olivenzweigen geehrt.

3) a) individuelle Antworten möglich

b) In der Antike dienten Sportarten wie der Wettlauf in voller Kampfausrüstung dem Training der Kämpfer.

Demokratie in Athen

Ziele

Die Lernenden können

- die Zusammensetzung der Athener Bevölkerung beschreiben.
- die Aufgaben der Athener Volksversammlung beschreiben.
- die wesentlichen Merkmale der Athener Demokratie beschreiben.
- die Demokratie im antiken Athen mit einigen Grundzügen unserer heutigen Demokratie in Deutschland vergleichen.
- in der Gruppe arbeiten, Rollen untereinander aufteilen und ihre Gruppenarbeit reflektieren.
- eine App zum Erstellen von Erklärfilmen bedienen.

Durchführung und Organisation

Diese Aufgabenstellung kann zur Vertiefung und Wiederholung des Themas „Das antike Griechenland" bearbeitet werden. Die Lernenden sollten zur Vertiefung bereits über ein gewisses Vorwissen verfügen. Alle nötigen Informationen und Fachbegriffe zum Thema „Demokratie in Athen" können sie dem Grundlagentext entnehmen. Sollten die Lernenden bereits wissen, wie ein Erklärfilm technisch erstellt wird, beträgt die Durchführungsdauer für die Vorbereitung, Durchführung, Präsentation und Evaluation je nach Leistungsstärke der Klasse ca. 2 bis 3 Schulstunden.

Für die Erstellung des Videos können den Lernenden folgende Materialien zur Verfügung gestellt werden:

- Arbeitsblatt „Demokratie in Athen", um sicherzustellen, dass die Lerngruppe die Thematik auch verstanden hat.
- Der Grundlagentext auf dem oben genannten Arbeitsblatt kann als Wortspeicher interpretiert werde. Diese Wörter können bei der Vertonung von den Lernenden verwendet werden.
- Arbeitsauftrag, dieser ist qualitativ dreifach differenziert.
- Bildvorlagen
- Drehbuchvorlage
- Rollenkarten
- ggf. Beispielerklärvideo (siehe Zusatzmaterial)
- leeres DIN-A4- bzw. DIN-A3-Blatt
- bunte Stifte, Schere, Kleber

Zusätzlich können den Lernenden ergänzende Informationsquellen, z. B. Schulbuchtexte, Internetseiten, Bilder oder Videos, zur Umsetzung der Erklärfilme zur Verfügung gestellt werden.

Arbeitsblatt: Demokratie in Athen

Das antike Griechenland bestand aus hunderten kleinen **Stadtstaaten**, die sich entlang der Küste des Mittelmeeres und auf den griechischen Inseln verteilten. Diese Stadtstaaten nannte man **Polis**.

Die größte und bedeutendste Polis war **Athen**. In Athen gab es keinen König oder anderen alleinigen Herrscher, wie in den meisten anderen Staaten der antiken Welt. Stattdessen hatten seit dem 5. Jh. v. Chr. die Bürger das Sagen und waren durch Wahlen und Abstimmungen direkt an der Regierung ihrer Polis beteiligt. So entstand hier eine der ersten **Demokratien (= Herrschaft des Volkes)** der Welt. Mehrmals im Monat trafen sich die Bürger zu einer **Volksversammlung** um über Gesetze, Preise, Bauvorhaben oder Krieg und Frieden zu beraten und abzustimmen. Abgestimmt wurde durch Heben der Hand.

Neben der Volksversammlung gab es den **„Rat der 500"**, in dem Vertreter aus allen zehn Wahlbezirken Athens saßen. Seine Mitglieder wurden ausgelost. Der „Rat der 500" bereitete die Volksversammlung vor. Die Richter wurden in Athen ebenfalls per Los bestimmt und zwar aus den Bürgern der Volksversammlung. Alle Ämter waren zeitlich begrenzt und wurden regelmäßig neu vergeben.

Eine besondere Abstimmung war das sogenannte **Scherbengericht**. Hierbei wurde darüber entschieden, welche Bürger aus der Stadt verbannt werden sollten, zum Beispiel weil sie zu mächtig geworden waren. Für diese besondere Abstimmung wurden Scherben zerbrochener Tongefäße verwendet, in die jeder Teilnehmer der Volksversammlung einen Namen ritzte.

Nicht alle Menschen in Athen hatten die gleichen Rechte. Die Politik und damit die Teilnahme an der Volksversammlung war grundsätzlich den Männern vorbehalten. **Frauen und Kinder** hatten kein Mitbestimmungsrecht. Auch besaßen nicht alle Einwohner der Stadt das **Bürgerrecht**. Zugewanderte, sogenannte **Metöken**, waren ebenso ausgeschlossen wie die vielen **Sklaven**, die in den Häusern und auf den Feldern arbeiteten.

Teste dich!

1) Ordne die Bevölkerungsgruppen Athens dem Schaubild zu.

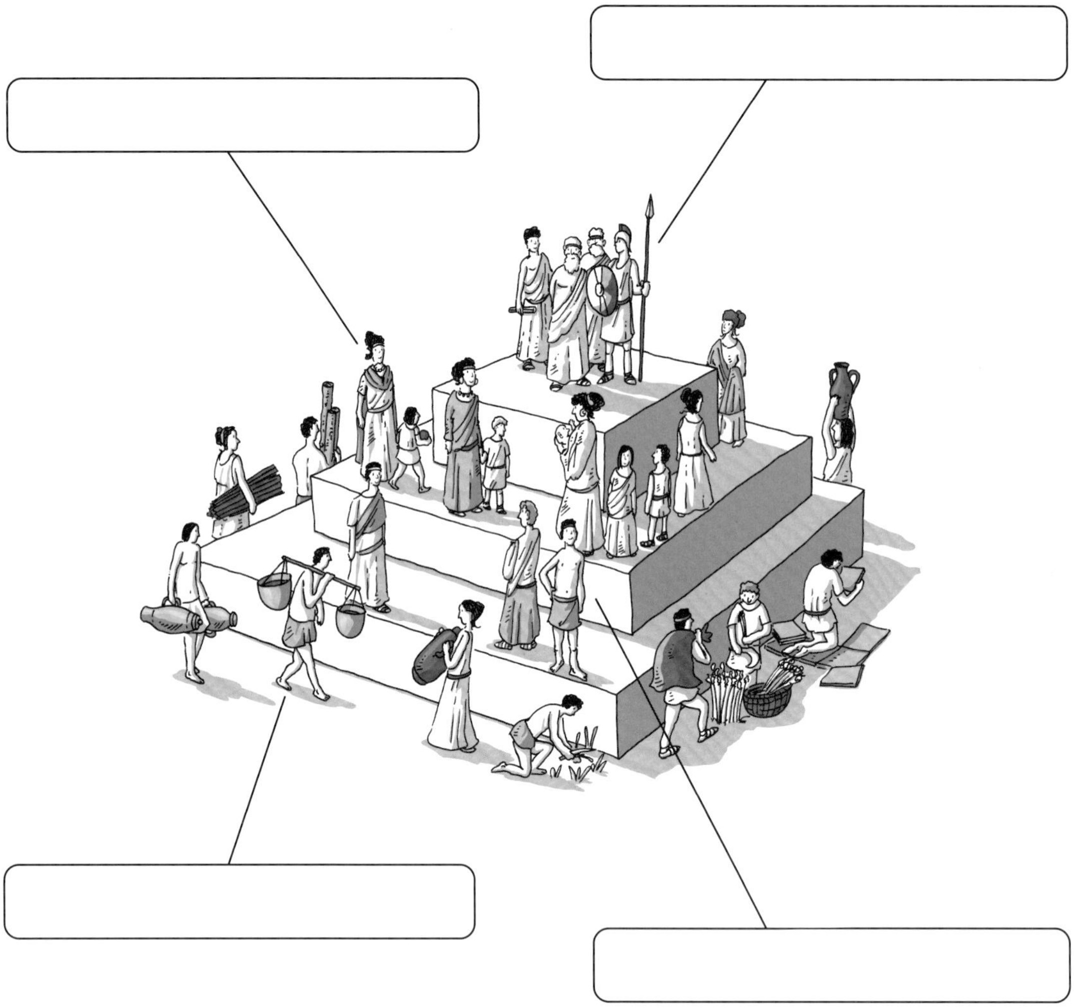

männliche Bürger (ca. 40.000)

Frauen und Kinder (ca. 100.000)

Metöken (ca. 30.000)

Sklaven (ca. 100.000)

2) Berechne, wie viel Prozent der Einwohner Athens zur Teilnahme an der Volks-versammlung berechtigt waren. Tipp: Um es dir einfacher zu machen, kannst du die Zahlen auch auf 50.000er runden.

3) Benenne die Aufgaben der Volksversammlung.

Dreifach differenzierte Aufgabenkarten

 Erstellt in der Gruppe einen Erklärfilm über die Zusammensetzung der Athener Bevölkerung.

 Zeigt und benennt die verschiedenen Bevölkerungsgruppen im antiken Athen.

Beschreibt kurz, wer du den einzelnen Bevölkerungsgruppen dazugehörte und welche dieser Gruppen an der Volksversammlung teilnehmen durfte.

 Erstellt in der Gruppe einen Erklärfilm über die Athener Volksversammlung und deren Aufgaben.

 Beschreibt zunächst, wer an der Volksversammlung teilnehmen durfte und wer nicht.

Benennt die verschiedenen Aufgaben, die von der Volksversammlung übernommen wurden. Beschreibt außerdem, worüber hier abgestimmt wurde.

   Erstellt in der Gruppe einen Erklärfilm über Demokratie im antiken Athen und Demokratie heute.

 Beschreibt zunächst die typischen Merkmale der Athener Demokratie (z. B. die Volksversammlung und deren Zusammensetzung).

Vergleicht im Anschluss die Merkmale der Athener Demokratie mit einigen Grundzügen unserer heutigen Demokratie in Deutschland. Wie werden Entscheidungen getroffen? Wer darf wählen und mitbestimmen?

Bildvorlagen

Lösungen

1)

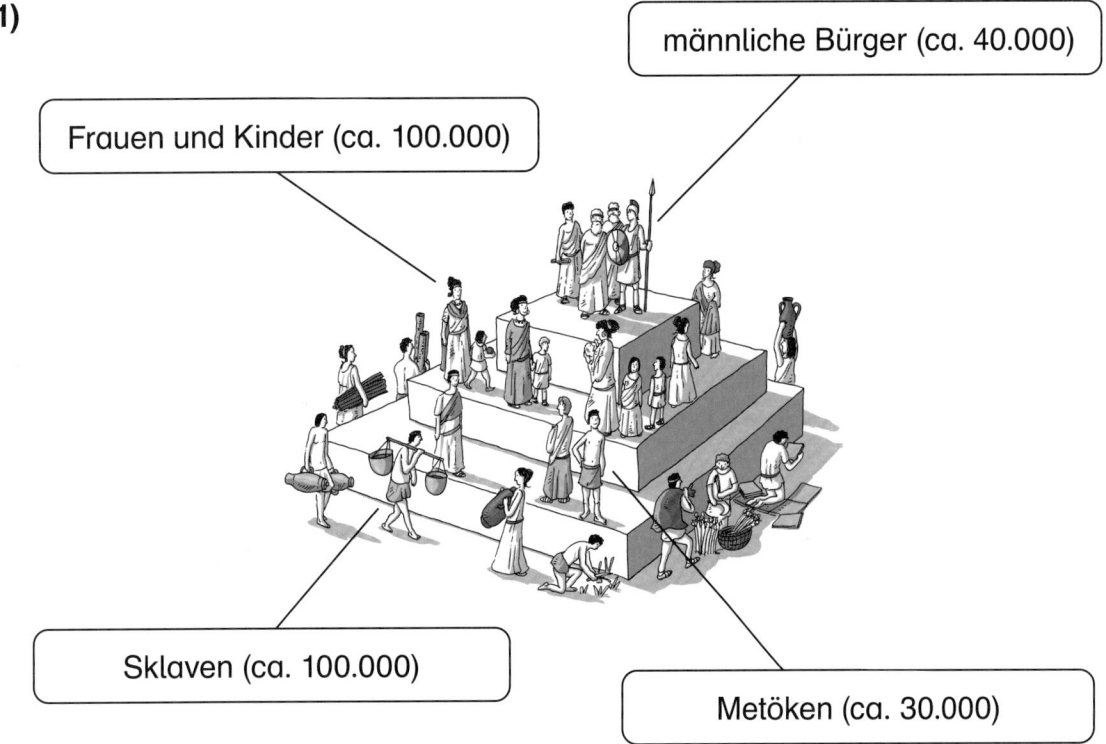

männliche Bürger (ca. 40.000)

Frauen und Kinder (ca. 100.000)

Sklaven (ca. 100.000)

Metöken (ca. 30.000)

2) Zahlen gerundet auf 50.000er: ca. 1/6 der Einwohner Athens, also 16,7 %, durften an der Volksversammlung teilnehmen.
Ohne gerundete Zahlen: ca. 14,8 % der Einwohner Athens, durften an der Volksversammlung teilnehmen.

3) In der Volksversammlung wurde über Gesetze, Preise, Bauvorhaben oder Krieg und Frieden beraten und abgestimmt. Außerdem wurde beim sogenannten Scherbengericht darüber abgestimmt, ob eine Person aus der Stadt verbannt werden sollte.

Alexander der Große

Ziele

Die Lernenden können

- eroberte Gebiete Alexanders des Großen benennen.
- Daten zum Lebenslauf Alexanders nennen und wichtige Lebensstationen beschreiben.
- den Weg seines Feldzugs beschreiben und auf einer Karte nachvollziehen.
- die Bedeutung des Beinamens „der Große" erklären.
- in der Gruppe arbeiten, Rollen untereinander aufteilen und ihre Gruppenarbeit reflektieren.
- eine App zum Erstellen von Erklärfilmen bedienen.

Durchführung und Organisation

Diese Aufgabenstellung kann zur Vertiefung und Wiederholung des Themas „Das antike Griechenland" bearbeitet werden. Die Lernenden sollten zur Vertiefung bereits über ein gewisses Vorwissen verfügen. Alle zur Bewältigung der Aufgaben nötigen Informationen und Fachbegriffe zum Thema „Alexander der Große" können sie dem Grundlagentext entnehmen.

Sollten die Lernenden bereits wissen, wie ein Erklärfilm technisch erstellt wird, beträgt die Durchführungsdauer für die Vorbereitung, Durchführung, Präsentation und Evaluation je nach Leistungsstärke der Klasse ca. 2 bis 3 Schulstunden.

Für die Erstellung des Videos können den Lernenden folgende Materialien zur Verfügung gestellt werden:

- Arbeitsblatt „Alexander der Große", um sicherzustellen, dass die Lerngruppe die Thematik auch verstanden hat.
- Der Grundlagentext auf dem oben genannten Arbeitsblatt kann als Wortspeicher interpretiert werde. Diese Wörter können bei der Vertonung von den Lernenden verwendet werden.
- Arbeitsauftrag, dieser ist qualitativ dreifach differenziert.
- Bildvorlagen
- Drehbuchvorlage
- Rollenkarten
- ggf. Beispielerklärvideo (siehe Zusatzmaterial)
- leeres DIN-A4- bzw. DIN-A3-Blatt
- bunte Stifte, Schere, Kleber

Zusätzlich können den Lernenden ergänzende Informationsquellen, z. B. Schulbuchtexte, Internetseiten, Bilder oder Videos, zur Umsetzung der Erklärfilme zur Verfügung gestellt werden.

Arbeitsblatt: Alexander der Große

Alexander der Große gilt bis heute als eine der bekanntesten Personen der Geschichte. Der im Jahr 356 v. Chr. in **Makedonien** geborene König, Feldherr und Eroberer wurde jedoch nur **32 Jahre** alt. Trotzdem gelang es ihm, zahlreiche Gebiete und Städte zu erobern und über eines der größten, jemals bekannten Weltreiche zu herrschen.

Alexander wuchs in Makedonien am Hof seines Vaters Philipp auf. Schon früh wurde er auf seine Rolle als zukünftiger König vorbereitet. Zu seinen Lehrern zählte auch der berühmte griechische Philosoph **Aristoteles**. Nach dem plötzlichen Tod seines Vaters wurde Alexander mit nur 20 Jahren König von Makedonien.

Bereits zwei Jahre später begann Alexander einen Feldzug gegen die mächtigen **Perser**. Sie galten als Erzfeinde der Griechen, mit denen Alexander wiederum in einem Bund stand. Seine Armee war zahlenmäßig stark unterlegen. Trotzdem gelang es dem jungen Alexander, die Perser immer weiter zurückzudrängen. Dabei eroberte er weite Teile Griechenlands, der heutigen Türkei, Syriens und Ägyptens. Schließlich besiegte er die Perser im Jahr 330 v. Chr. im Gebiet des heutigen Irans und krönte sich selbst zum König.

Angetrieben von diesem Sieg zog Alexander mit seinen Truppen immer weiter Richtung Osten bis an den **Fluss Indus**. Hier verweigerten ihm jedoch seine Soldaten den Dienst. In zehn Jahren hatte Alexander mit seiner Armee über **20.000 km** Weg zurückgelegt, unzählige Schlachten geschlagen, zahlreiche Städte und große Gebiete erobert. Nun waren seine Soldaten erschöpft und wollten endlich nach Hause. Alexander kehrte in die persische Hauptstadt **Babylon** zurück. Hier starb er im Jahr 323 v. Chr. mit nur 32 Jahren an einem Fieber.

In kürzester Zeit hatte Alexander ein Weltreich aufgebaut, dessen Größe erst wieder zu Zeiten der Römer erreicht werden sollte. Aufgrund dieser Errungenschaft erhielt er in der Geschichtsschreibung den Beinamen „**der Große**".

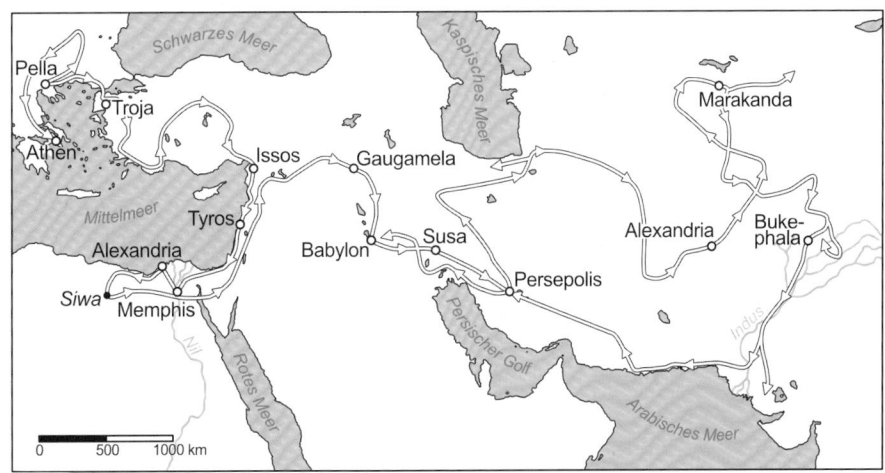

Eroberungszüge Alexanders 334 bis 323 v. Chr.

1) Vervollständige den Lebenslauf Alexanders des Großen.

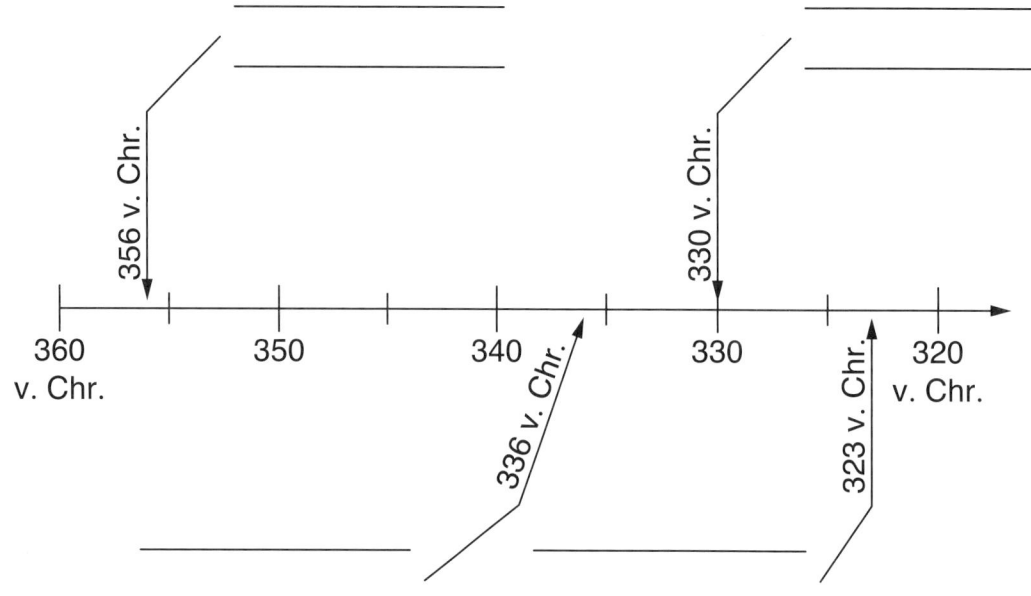

2) Zähle die heutigen Länder auf, von denen Alexander der Große während seiner Feldzüge Teile erobert hat. Hierfür kannst du auch deinen Atlas nutzen.

3) Erkläre, warum Alexander den Beinamen „der Große" trägt

Dreifach differenzierte Aufgabenkarten

 Erstellt in der Gruppe einen Erklärfilm über die Eroberungen Alexanders des Großen.

 Zählt die von Alexander eroberten Gebiete auf.

Zeigt die eroberten Gebiete auf einer Karte.

 Erstellt in der Gruppe einen Erklärfilm über das Leben Alexanders des Großen.

 Nennt und beschreibt die verschiedenen Lebensstationen Alexanders.

Ergänzt die Stationen mit Jahreszahlen.

   Erstellt in der Gruppe einen Erklärfilm über den Feldzug Alexanders sowie über seinen Beinamen „der Große".

 Nennt die von Alexander eroberten Gebiete und beschreibt den Verlauf seines Feldzugs mithilfe einer Karte.

Erklärt, was an Alexander so besonders war und warum er später in der Geschichtsschreibung den Beinamen „der Große" erhalten hat.

Bildvorlagen

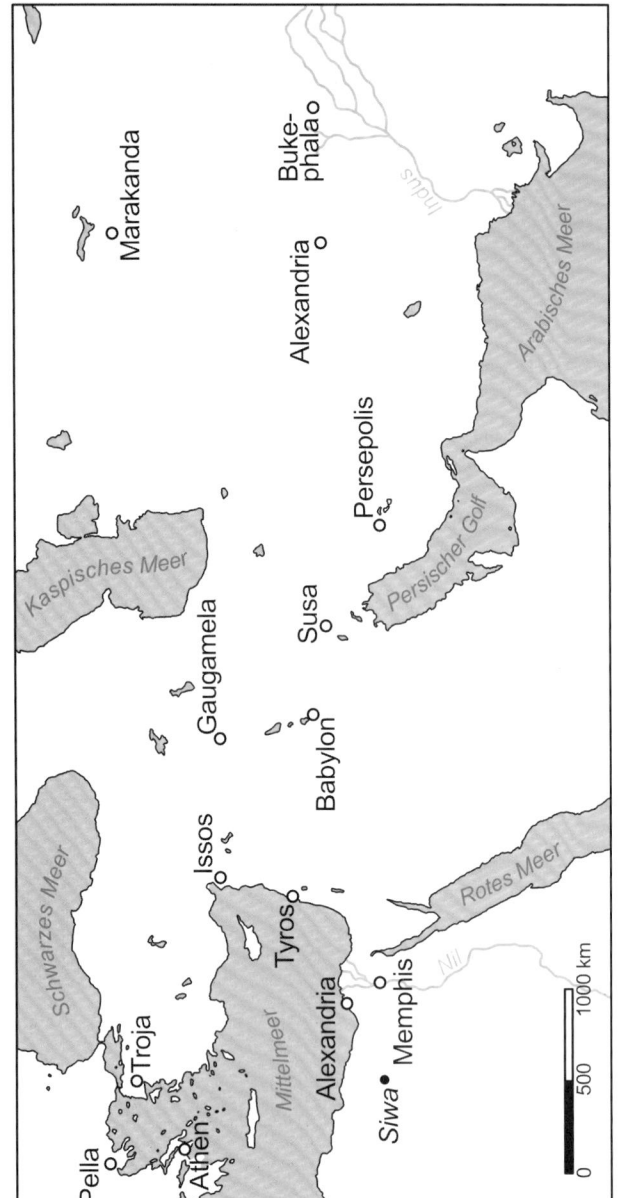

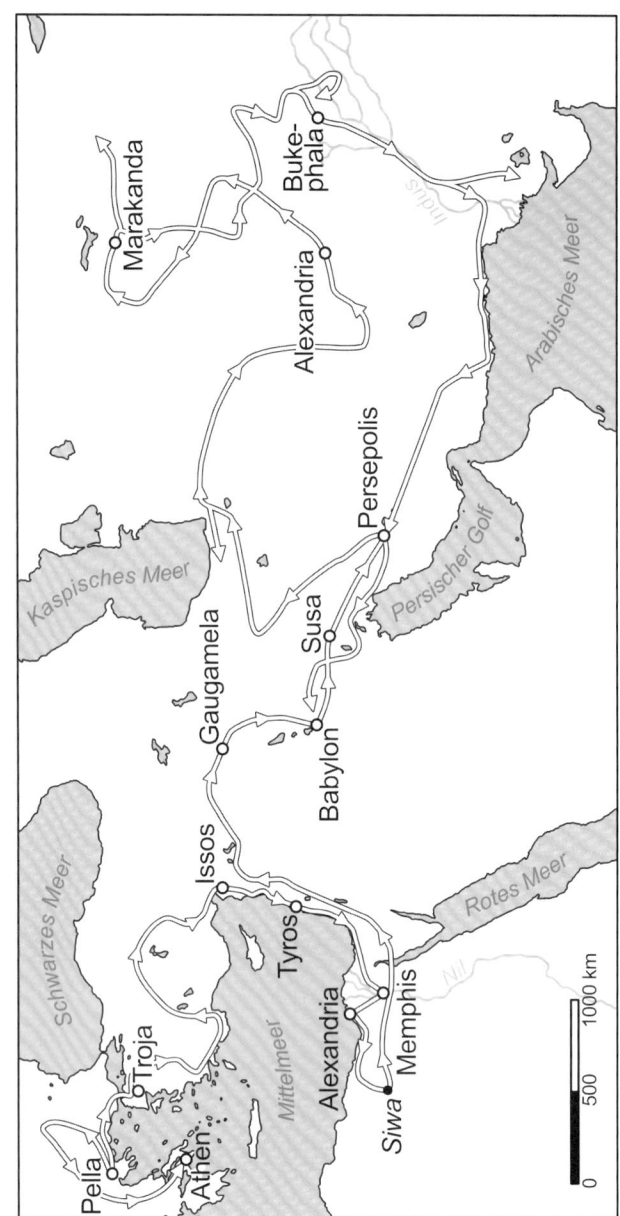

© Spiroview Inc/Shutterstock.com

Lösungen

1)

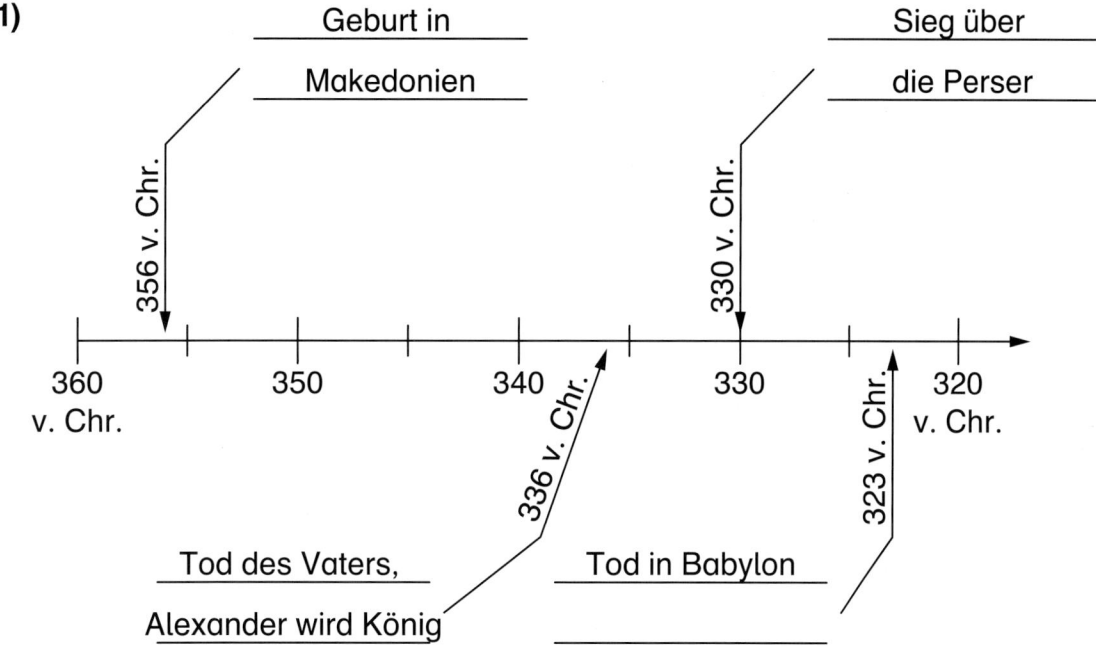

2) Griechenland, Türkei, Syrien, Libanon, Israel, Jordanien, Ägypten, Irak, Iran, Afghanistan, Pakistan und Kaschmir

3) Alexander erhielt den Beinamen „der Große", weil er in kurzer Zeit ein Weltreich erobert und aufgebaut hat.

Römisches Familienleben

Ziele
Die Lernenden können

- die römische *familia* beschreiben.
- die Rolle des *pater familias* erklären.
- die unterschiedliche Erziehung und Ausbildung von Jungen und Mädchen beschreiben.
- die Rolle von Frauen damals mit heute vergleichen.
- in der Gruppe arbeiten, Rollen untereinander aufteilen und ihre Gruppenarbeit reflektieren.
- eine App zum Erstellen von Erklärfilmen bedienen.

Durchführung und Organisation

Diese Aufgabenstellung kann zur Vertiefung und Wiederholung des Themas „Das Römische Reich" bearbeitet werden. Die Lernenden sollten bereits über ein gewisses Vorwissen verfügen. Alle zur Bewältigung der Aufgaben nötigen Informationen und Fachbegriffe zum Thema „Römisches Familienleben" können sie dem Grundlagentext entnehmen.

Sollten die Lernenden bereits wissen, wie ein Erklärfilm technisch erstellt wird, beträgt die Durchführungsdauer für die Vorbereitung, Durchführung, Präsentation und Evaluation je nach Leistungsstärke der Klasse ca. 2 bis 3 Schulstunden.

Für die Erstellung des Videos können den Lernenden folgende Materialien zur Verfügung gestellt werden:

- Arbeitsblatt „Römisches Familienleben", um sicherzustellen, dass die Lerngruppe die Thematik auch verstanden hat.
- Der Grundlagentext auf dem oben genannten Arbeitsblatt kann als Wortspeicher interpretiert werde. Diese Wörter können bei der Vertonung von den Lernenden verwendet werden.
- Arbeitsauftrag, dieser ist qualitativ dreifach differenziert.
- Bildvorlagen
- Drehbuchvorlage
- Rollenkarten
- ggf. Beispielerklärvideo (siehe Zusatzmaterial)
- leeres DIN-A4- bzw. DIN-A3-Blatt
- bunte Stifte, Schere, Kleber

Zusätzlich können den Lernenden ergänzende Informationsquellen, z. B. Schulbuchtexte, Internetseiten, Bilder oder Videos, zur Umsetzung der Erklärfilme zur Verfügung gestellt werden.

Arbeitsblatt: Römisches Familienleben

Die römische *familia* war erheblich größer als die heute oft typische Kleinfamilie. Zu ihr gehörten Vater, Mutter, unverheiratete Söhne und Töchter, verheiratete Söhne mit Ehefrauen und Kindern sowie eigene Sklaven. Die Hierarchie innerhalb der Familie war klar geregelt. Der Vater war als *pater familias* das Familienoberhaupt und bestimmte uneingeschränkt über die täglichen Belange des Haushaltes. Nach seinem Tod nahm der älteste Sohn seinen Platz ein.

Frauen war die Position des Familienoberhauptes verwehrt. Jedoch besaßen sie für die damalige Zeit schon zahlreiche Rechte: Sie konnten einem eigenen Beruf nachgehen, an Gastmählern teilnehmen, das Theater und Spiele besuchen oder zum Baden in die Therme gehen. Das letzte Wort hatte in allen Angelegenheiten jedoch immer der Mann oder Vater, der *pater familias*. Auch bei der Auswahl des Ehemanns hatten Mädchen kein Mitspracherecht. Dieser wurde bereits früh von den Eltern ausgesucht. Hierbei waren weniger ein gutes Aussehen oder die Zuneigung der Tochter entscheidend. Wichtig waren eher wirtschaftliche Gründe, wie ein hohes Vermögen oder die Chance auf ein großes Erbe. Nicht selten wurden Mädchen bereits mit zwölf Jahren verheiratet. Mit der **Hochzeit** ging die Tochter in die *familia* ihres Schwiegervaters über.

Mit sieben Jahren gingen die Kinder wohlhabender Familien in die Schule und lernten dort Lesen, Schreiben und Rechnen. Wer sehr reich war, ließ seine Kinder von **Privatlehrern** zuhause unterrichten. Spätestens mit elf Jahren wurden Mädchen dann von ihren Müttern auf ihre spätere Rolle als Ehefrau und **Hausverwalterin** vorbereitet. Sie lernten, wie man Kleidung herstellte, Essen zubereitete oder wie man entsprechende Anweisungen an die **Haussklaven** weitergab und diese kontrollierte. Von ihren Vätern lernten die Jungen vor allem, wie man Geschäfte abschloß, das Vermögen verwaltete oder als **Politiker** eine Rede hielt. All dies bereitete sie auf ihre spätere Rolle als *pater familias* vor. Mit dem Abschluss der väterlichen Ausbildung erwarben die Jungen das Recht, ebenfalls eine **Toga** zu tragen. Sie waren nun erwachsen.

1) Vervollständige das Schaubild einer römischen *familia*.

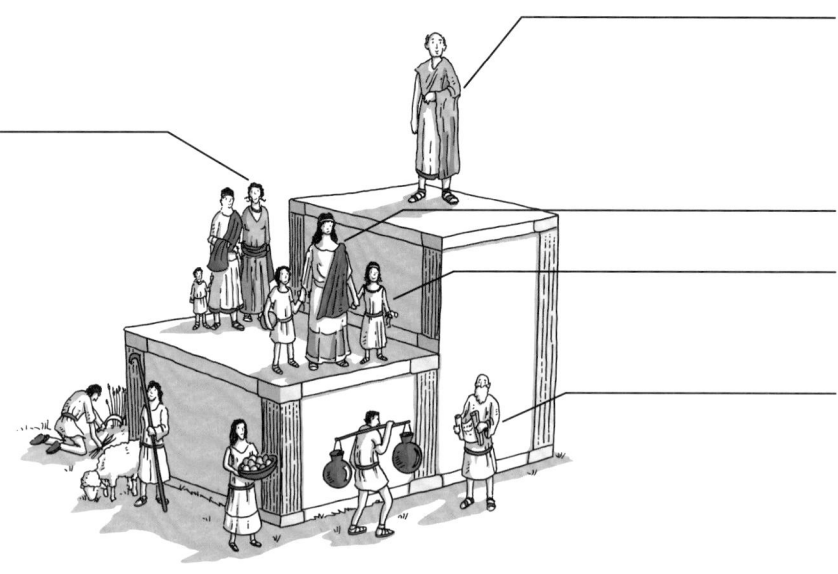

2) Beschreibe die Rolle des *pater familias*.

3) Stelle in einer Tabelle gegenüber, was Jungen und Mädchen im antiken Rom lernen mussten.

Jungen	Mädchen

Dreifach differenzierte Aufgabenkarten

 Erstellt in der Gruppe einen Erklärfilm über die römische Familie.

 Zeigt zunächst, wer alles zur *familia* gehörte.

Erklärt den Begriff *pater familias*.

  Erstellt in der Gruppe einen Erklärfilm über die Erziehung und Ausbildung von Jungen und Mädchen im antiken Rom.

 Beschreibt zunächst allgemein die römische *familia*. Beschreibt dann, welchen Platz Kinder darin hatten.

Vergleicht die Ausbildung und Erziehung von Jungen und Mädchen im antiken Rom. Erklärt, auf welche Aufgaben Jungen und Mädchen jeweils vorbereitet wurden.

   Erstellt in der Gruppe einen Erklärfilm über die Rolle von Frauen in der römischen *familia*. Vergleicht diese mit heutigen Rollenbildern und dem Begriff der Gleichberechtigung.

 Stellt allgemein die Mitglieder und den Aufbau und einer römischen *familia* vor.

Beschreibt die Rolle und die Rechte von Frauen innerhalb der *familia*.

Vergleicht abschließend die Rolle früher mit der Situation von Frauen heute. Geht dabei auch auf den Begriff Gleichberechtigung ein.

Bildvorlagen

Lösungen

1)

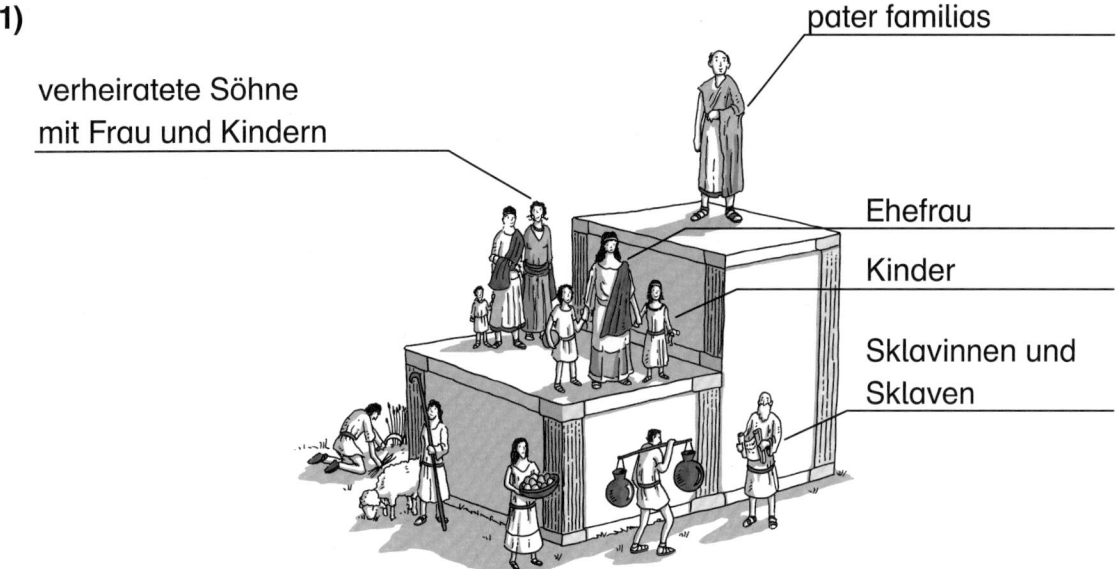

pater familias

verheiratete Söhne
mit Frau und Kindern

Ehefrau

Kinder

Sklavinnen und
Sklaven

2) Der *pater familias* war das Familienoberhaupt. Er bestimmte über die täglichen Belange des Haushaltes. Nur ein Mann konnte *pater familias* werden.

3)

Jungen	Mädchen
In der Schule: lesen, schreiben und rechnen	In der Schule: lesen, schreiben und rechnen
Von ihren Vätern: Geschäfte abschließen Vermögen verwalten Reden halten	Von ihren Müttern: Kleidung herstellen Essen zubereiten Haussklaven kontrollieren und anweisen

Das Imperium Romanum

Ziele
Die Lernenden können

- unterschiedliche Erfindungen der Römer benennen und deren Nutzen für die Menschen erklären.
- verschiedene Provinzen des Römischen Reichs auf einer Karte lokalisieren und den heutigen Ländern zuordnen.
- erklären, wie die Römer ihre Macht in den eroberten Gebieten sicherten.
- in der Gruppe arbeiten, Rollen untereinander aufteilen und ihre Gruppenarbeit reflektieren.
- eine App zum Erstellen von Erklärfilmen bedienen.

Durchführung und Organisation

Diese Aufgabenstellung kann zur Vertiefung oder Wiederholung des Themas „Das Römische Reich" bearbeitet werden. Die Lernenden sollten bereits über ein gewisses Vorwissen verfügen. Alle zur Bewältigung der Aufgaben nötigen Informationen und Fachbegriffe können sie dem Grundlagentext entnehmen. Sollten die Lernenden bereits wissen, wie ein Erklärfilm technisch erstellt wird, beträgt die Durchführungsdauer für die Vorbereitung, Durchführung, Präsentation und Evaluation je nach Leistungsstärke der Klasse ca. 2 bis 3 Schulstunden.

Für die Erstellung des Videos können den Lernenden folgende Materialien zur Verfügung gestellt werden:

- Arbeitsblatt „Das Imperium Romanum", um sicherzustellen, dass die Lerngruppe die Thematik auch verstanden hat.
- Der Grundlagentext auf dem oben genannten Arbeitsblatt kann als Wortspeicher interpretiert werde. Diese Wörter können bei der Vertonung von den Lernenden verwendet werden.
- Arbeitsauftrag, dieser ist qualitativ dreifach differenziert.
- Bildvorlagen
- Drehbuchvorlage
- Rollenkarten
- ggf. Beispielerklärvideo (siehe Zusatzmaterial)
- leeres DIN-A4- bzw. DIN-A3-Blatt
- bunte Stifte, Schere, Kleber

Zusätzlich können den Lernenden ergänzende Informationsquellen, z. B. Schulbuchtexte, Internetseiten, Bilder oder Videos, zur Umsetzung der Erklärfilme zur Verfügung gestellt werden.

Arbeitsblatt: Das Imperium Romanum

Die im Jahr **753 v. Chr.** am Ufer des Flusses Tiber gegründete Stadt Rom beherrschte vor circa 2.000 Jahren das größte und mächtigste Reich der Geschichte. Dieses umfasste große Teile der damals bekannten Welt. Es reichte von den Küsten des Mittelmeers nach Ägypten und Kleinasien bis über die Alpen nach Gallien und Germanien und sogar bis ins heutige England. Das Römische Reich war in **Provinzen** eingeteilt. In den Provinzen stationierten die Römer Legionen und setzten **Statthalter** ein, um ihre Macht zu sichern und ihre Interessen durchzusetzen.

Die Römer legten mit ihren Siedlungen und Militärlagern nicht selten den Grundstein für spätere große Städte wie das heutige Köln oder London. An den Außengrenzen des Reichs errichteten sie mächtige Grenzbefestigungen zum Schutz, wie zum Beispiel den **Limes** quer durch Mitteleuropa und den **Hadrians Wall** an der Grenze zu Schottland.

Ein gut funktionierendes Netz aus befestigten **Steinstraßen** erleichterte den Verkehr im Reich. Truppen konnten so schnell von einem Ort zum anderen verlegt werden. Waren aus allen Ecken des Reichs wurden auf den Straßen transportiert und gehandelt. **Meilensteine** entlang der Straßen dienten der Orientierung und zeigten die Entfernung zur nächsten Siedlung an.

Neben Handelswaren und Straßennetzen waren es vor allem moderne Erfindungen, die die Römer in die Provinzen brachten: Mithilfe von **Aquädukten** und Kanälen konnten Siedlungen auch aus großer Entfernung sicher mit Wasser versorgt werden. Öffentliche **Thermen und Badehäuser** beugten durch mehr Sauberkeit Krankheiten vor. Steinhäuser mit **Fußbodenheizung** und Toiletten mit **Wasserspülung** sorgten für einen hohen Wohnkomfort. Die Einführung von **Latein**, als einheitliche Amtssprache und Schrift, erleichterte das Zusammenleben und den Handel in den Provinzen.

Der zunehmende Komfort und eine sogenannte römische Lebensart waren jedoch nur wenigen privilegierten Personen in den Provinzen vorbehalten. Unzählige Bewohnerinnen und Bewohner blieben bei ihrer alten Lebensweise oder wurden sogar als **Sklaven** verkauft und mussten in Steinbrüchen, auf Feldern, in Bergwerken oder auf Baustellen arbeiten.

Ausdehnung des Römischen Reichs um 117 n. Chr.

(die gestrichelten Linien markieren die Provinzen)

Teste dich!

1) Beschreibe die Ausdehnung des Römischen Reichs um
   117 n. Chr.. Verwende dafür auch die Namen der Länder heute.

2) Nenne drei Erfindungen der Römer. Erkläre, was diese Erfindungen für Vorteile
   brachten.

3) Erkläre, wer in den Provinzen von den zahlreichen Erfindungen der Römer pro-
   fitierte und wer nicht.

Dreifach differenzierte Aufgabenkarten

 Erstellt in der Gruppe einen Erklärfilm über die Erfindungen der Römer.

 Zeigt und benennt Erfindungen der Römer.

Erklärt anschließend kurz, wozu diese Erfindungen dienten oder wie sie funktionierten. Wo nutzen wir Erfindungen heute noch?

  Erstellt in der Gruppe einen Erklärfilm über die Ausdehnung Römischen Reichs.

 Zeigt auf einer Karte die Ausdehnung des Römischen Reichs um 117 n. Chr.

Benennt verschiedene Provinzen und ergänzt, welche Länder diese heute umfassen würden.

   Erstellt in der Gruppe einen Erklärfilm über die Ausdehnung des Römischen Reichs und den Einfluss Roms in den Provinzen.

 Zeigt auf einer Karte die Ausdehnung des Römischen Reichs um 117 n. Chr. und benennt einzelne Provinzen.

Erklärt anschließend wie die Römer ein so großes Gebiet kontrollieren konnten. Denkt dabei auch an die Rolle, die z. B. Handel oder Erfindungen spielten.

Bildvorlagen

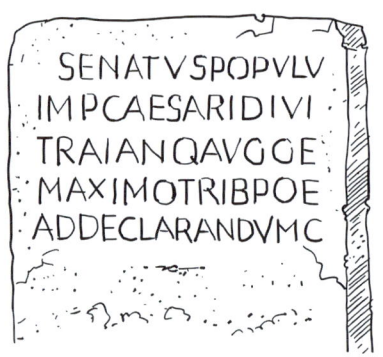

Lösungen

1) Das Römische Reich umfasste um 117 n. Chr. folgende heutige Länder: Italien, Österreich, Schweiz, Frankreich, Monaco, Andorra, Luxemburg, Belgien, Niederlande, Spanien, Portugal, Slowenien, Kroatien, Serbien, Bosnien Herzegowina, Kosovo, Mazedonien, Montenegro, Albanien, Griechenland, Bulgarien, Rumänien, Moldawien, Ungarn, Slowakai, Libanon, Israel, Palästina, Jordanien

Außerdem Teile von folgenden Ländern: Türkei, Großbritannien, Deutschland, Syrien, Ägypten, Libyen, Tunesien, Algerien, Marokko

2) Aquädukte: Siedlungen konnten auch aus großer Entfernung mit Wasser versorgt werden.

Öffentliche Thermen und Badehäuser: Durch mehr Sauberkeit konnte Krankheiten vorgebeugt werden.

Steinhäuser mit Fußbodenheizung und Toiletten mit Wasserspülung: mehr Wohnkomfort

3) Einige wenige privilegierte Personen, die es sich leisten konnten, profitierten in den Provinzen von den Erfindungen der Römer und der sogenannten römischen Lebensart. Die meisten Bewohnerinnen und Bewohner konnten sich den höheren Komfort nicht leisten oder wurden sogar von den Römern als Sklaven verkauft.

Der römische Legionär

Ziele
Die Lernenden können
- die verschiedenen Ausrüstungsgegenstände eines römischen Legionärs benennen und deren Funktion kurz erklären.
- anhand von Beispielen erklären, warum die römische Armee im Kampf so erfolgreich war.
- die Vor- und Nachteile des Berufs Legionär benennen und erklären.
- in der Gruppe arbeiten, Rollen untereinander aufteilen und ihre Gruppenarbeit reflektieren.
- eine App zum Erstellen von Erklärfilmen bedienen.

Durchführung und Organisation
Diese Aufgabenstellung kann zur Vertiefung oder Wiederholung des Themas „Das Römische Reich" bearbeitet werden. Die Lernenden sollten bereits über ein gewisses Vorwissen verfügen. Alle zur Bewältigung der Aufgaben nötigen Informationen und Fachbegriffe zum Thema „Der römische Legionär" können sie dem Grundlagentext entnehmen.

Sollten die Lernenden bereits wissen, wie ein Erklärfilm technisch erstellt wird, beträgt die Durchführungsdauer für die Vorbereitung, Durchführung, Präsentation und Evaluation je nach Leistungsstärke der Klasse ca. 2 bis 3 Schulstunden.

Für die Erstellung des Videos können den Lernenden folgende Materialien zur Verfügung gestellt werden:
- Arbeitsblatt „Der römische Legionär", um sicherzustellen, dass die Lerngruppe die Thematik auch verstanden hat.
- Der Grundlagentext auf dem oben genannten Arbeitsblatt kann als Wortspeicher interpretiert werde. Diese Wörter können bei der Vertonung von den Lernenden verwendet werden.
- Arbeitsauftrag, dieser ist qualitativ dreifach differenziert.
- Bildvorlagen
- Drehbuchvorlage
- Rollenkarten
- ggf. Beispielerklärvideo (siehe Zusatzmaterial)
- leeres DIN-A4- bzw. DIN-A3-Blatt
- bunte Stifte, Schere, Kleber

Zusätzlich können den Lernenden ergänzende Informationsquellen, z. B. Schulbuchtexte, Internetseiten, Bilder oder Videos, zur Umsetzung der Erklärfilme zur Verfügung gestellt werden.

Arbeitsblatt: Der römische Legionär

Zur Zeit des Augustus bestand das römische Heer aus circa 30 **Legionen** mit insgesamt 180.000 Mann, den sogenannten Legionären. Unterstützt wurden sie durch **Hilfstruppen**, den *auxilia*. Während in den Legionen nur römische Bürger dienen durften, konnten in den Hilfstruppen alle freien Provinzbewohner dienen.

Auf einem gut ausgebauten Straßennetz konnten die Legionen schnell in weit entfernte Gebiete verlegt werden und dort für Ordnung sorgen, feindliche Angriffe abwehren oder neue Gebiete erobern. Entscheidend für ihren Erfolg war unter anderem eine gute taktische Ausbildung und eine einheitliche, praktische Ausrüstung. Jeder Legionär trug in seinem Marschgepäck alles bei sich, was er für den Alltag und im Kampf benötigte. Die Grundausstattung waren ein **Helm**, **Ledersandalen** und ein **Burstpanzer**. Für den Kampf besaß jeder ein **Kurzschwert**, einen **Dolch**, einen **Wurfspeer** und einen großen **Schild** aus Holz. Für den Alltag in den Lagern oder unterwegs wurden außerdem noch **Werkzeuge**, Zelt, Kochgeschirr, ein **Wasserkessel** und eine Feldflasche mitgeführt. Alle Legionäre waren meist gleich ausgestattet. Die gesamte Ausrüstung wog bis zu 40 Kilogramm und musste nicht selten über 30 Kilometer am Tag getragen werden. Längere Pausen oder Urlaub gab es kaum.

Im Kampf griffen Legionäre den Feind nie allein an, sondern bildeten mit ihren Schilden eine Art lange schützende Mauer. So wurden Angreifer früh gestoppt und mithilfe der langen Speere in die Flucht geschlagen.

Für ihre Dienste in der Armee erhielten Legionäre regelmäßig eine **feste Bezahlung** und Verpflegung. Am Ende ihrer meist 20-jährigen Dienstzeit erhielten sie außerdem eine **Abfindung** – entweder ein Stück Land oder eine beträchtliche Summe Geld. Nichtrömische Soldaten erhielten zudem das römische Bürgerrecht. Doch nicht einmal die Hälfte der Legionäre erlebte das Ende der Dienstzeit, zum Beispiel weil sie vorher im Kampf schwer verwundet oder getötet wurden.

1) Benenne die verschiedenen Ausrüstungsgegenstände
   eines Legionärs.

| Helm | Schild | Speer | Kurzschwert |

| Wasserkessel | Werkzeuge | Sandalen | Brustpanzer |

2) Erkläre, warum die römische Armee so erfolgreich war.

Dreifach differenzierte Aufgabenkarten

 Erstellt in der Gruppe einen Erklärfilm über die Ausrüstung eines Legionärs.

 Zeigt zunächst die verschiedenen Ausrüstungsgegenstände eines römischen Legionärs.

Erklärt kurz, wofür die einzelnen Gegenstände genutzt wurden.

 Erstellt einen Erklärfilm über die römische Armee.

 Zeigt zunächst anhand verschiedener Beispiele den Aufbau, die Organisation und die Ausrüstung der römischen Armee.

Erklärt anhand der gezeigten Beispiele, warum die römische Armee erfolgreicher war als andere Armeen.

   Erstellt einen Erklärfilm über den Beruf des Legionärs und dessen Vor- und Nachteile.

 Zeigt und beschreibt zunächst Beispiele für Ausrüstung und den Alltag eines römischen Legionärs.

Erklärt an konkreten Beispielen, welche Vorteile der Beruf des Legionärs hatte. Benennt anschließend auch negative Seiten und Gefahren, die dieser Beruf mit sich brachte.

Bildvorlagen

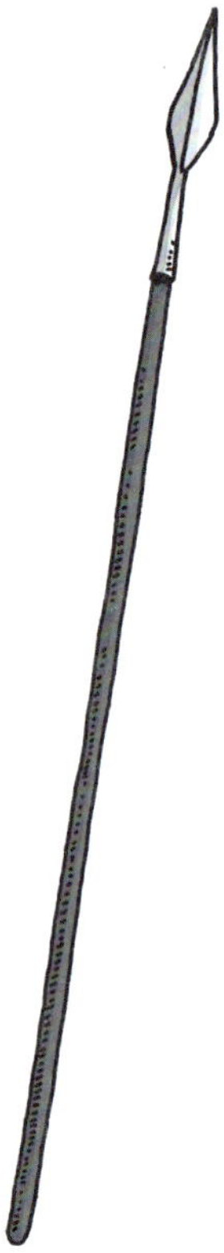

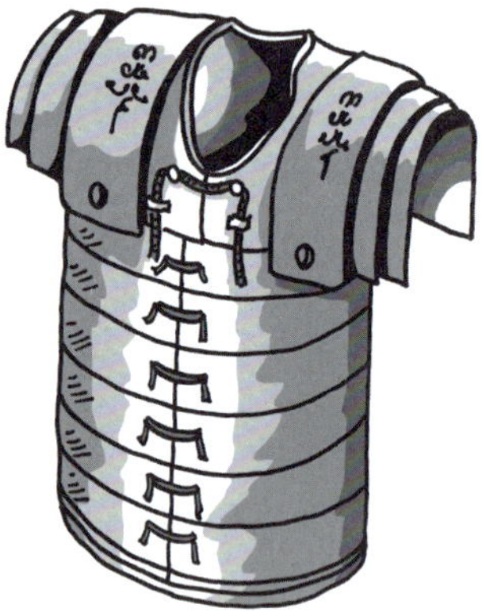

Lösungen

1)

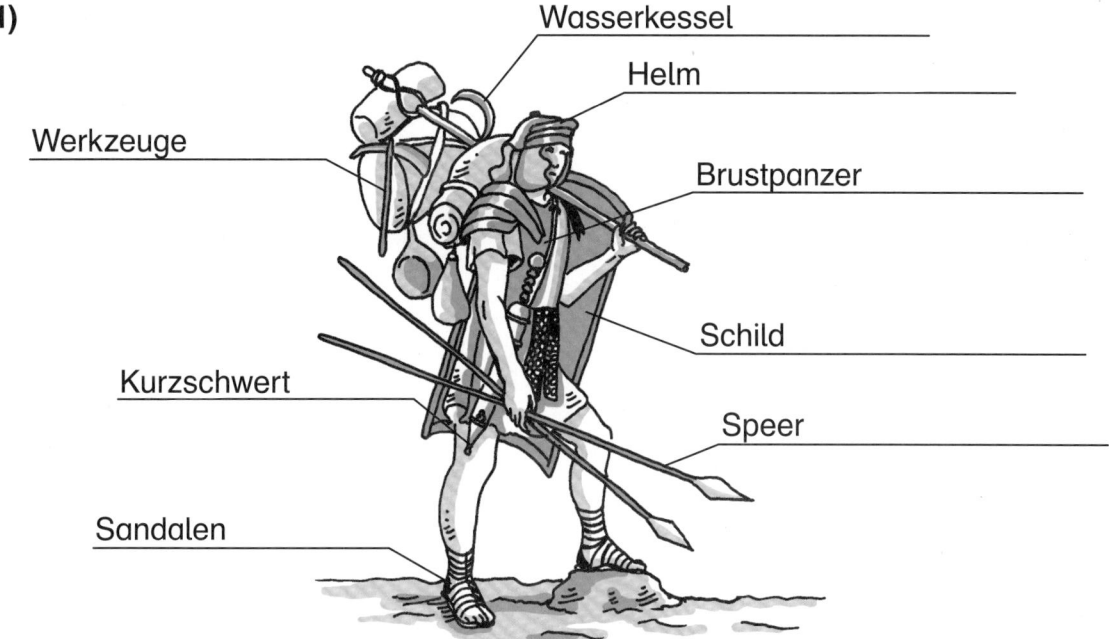

Wasserkessel

Helm

Werkzeuge

Brustpanzer

Schild

Kurzschwert

Speer

Sandalen

2) Im Gegensatz zu anderen Armeen der damaligen Zeit waren die römischen Legionen taktisch sehr gut ausgebildet und verfügten über eine einheitliche und praktische Ausrüstung. Auf einem gut ausgebauten Straßennetz konnten sie schnell in weit entfernte Gebiete verlegt werden und dort für Ordnung sorgen, feindliche Angriffe abwehren oder neue Gebiete erobern. Eine feste Bezahlung und regelmäßige Verpflegung sorgten ebenfalls dafür, dass die römische Armee so erfolgreich war.